MARCO POLO

TENERIFFA

GOMERA UND HIERRO

Fünf Symbole sollen Ihnen die Orientierung in diesem Führer erleichtern:

★

für Marco Polo Tips – die besten in jeder Kategorie

für alle Objekte, bei denen Sie auch eine schöne Aussicht haben

für Plätze, wo Sie bestimmt viele Einheimische treffen

für Treffpunkte für junge Leute

(108/A1)
Seitenzahlen und Koordinaten für den Reiseatlas

Diesen Führer schrieb Dieter Nowaczyk in Zusammenarbeit mit Hannelore Lindner, die seit vielen Jahren auf Teneriffa lebt; von ihr stammt auch das Kapitel »Routen auf Teneriffa«.

Die Marco Polo Reihe wird herausgegeben von Ferdinand Ranft.

Die aktuellsten Insider-Tips finden Sie im Internet unter http://www.marco-polo.de

MAIRS GEOGRAPHISCHER VERLAG

MARCO POLO

Für Ihre nächste Reise gibt es folgende Titel dieser Reihe:

Ägypten • Alaska • Algarve • Allgäu • Amrum/Föhr • Amsterdam • Andalusien • Antarktis • Argentinien/Buenos Aires • Athen • Australien • Azoren • Bahamas • Bali/Lombok • Baltikum • Bangkok • Barbados • Barcelona • Bayerischer Wald • Berlin • Berner Oberland • Bodensee • Bornholm • Brasilien/Rio • Bretagne • Brüssel • Budapest • Bulgarien • Burgenland • Burgund • Capri • Chalkidiki • Chiemgau/Berchtesgaden • China • Costa Blanca • Costa Brava • Costa del Sol/Granada • Costa Rica • Côte d'Azur • Dalmatinische Küste • Dänemark • Disneyland Paris • Dolomiten • Dominikanische Republik • Dresden • Dubai/Emirate/Oman • Düsseldorf • Ecuador/Galapagos • Eifel • Elba • Elsaß • England • Erzgebirge/Vogtland • Feuerland/Patagonien • Finnland • Flandern • Florenz • Florida • Franken • Frankfurt • Frankreich • Französische Atlantikküste • Fuerteventura • Galicien/Nordwest-Spanien • Gardasee • Golf von Neapel • Gran Canaria • Griechenland • Griechische Inseln/Ägäis • Hamburg • Harz • Hawaii • Heidelberg • Holland • Holländische Küste • Hongkong • Ibiza/Formentera • Indien • Ionische Inseln • Irland • Ischia • Island • Israel • Istanbul • Istrien • Italien • Italien Nord • Italien Süd • Ital. Adria • Ital. Riviera • Jamaika • Japan • Java/Sumatra • Jemen • Jerusalem • Jordanien • Kalifornien • Kanada • Kanada Ost • Kanada West • Kanalinseln • Karibik I • Karibik II • Kärnten • Kenia • Köln • Königsberg/Ostpreußen Nord • Kopenhagen • Korsika • Kos • Kreta • Krim/Schwarzmeerküste • Kuba • Languedoc-Roussillon • Lanzarote • La Palma • Leipzig • Libanon • Lissabon • Lofoten • Loire-Tal • London • Lüneburger Heide • Luxemburg • Macau • Madagaskar • Madeira • Madrid • Mailand/Lombardei • Malaysia • Malediven • Mallorca • Malta • Mark Brandenburg • Marokko • Masurische Seen • Mauritius • Mecklenburger Seenplatte • Menorca • Mexiko • Mosel • Moskau • München • Namibia • Nepal • Neuseeland • New York • Nordseeküste: Schleswig-Holstein • Normandie • Norwegen • Oberbayern • Oberitalienische Seen • Oberschwaben • Österreich • Ostfriesische Inseln • Ostseeküste: Mecklenburg-Vorpommern • Ostseeküste: Schleswig-Holstein • Paris • Peking • Peloponnes • Pfalz • Philippinen • Piemont/Turin • Polen • Portugal • Potsdam • Prag • Provence • Rhodos • Riesengebirge • Rocky Mountains • Rom • Rügen • Rumänien • Rußland • Salzburg/Salzkammergut • Samos • San Francisco • Sardinien • Schottland • Schwarzwald • Schweden • Schweiz • Seychellen • Singapur • Sizilien • Slowakei • Spanien • Spreewald/Lausitz • Sri Lanka • Steiermark • Sankt Petersburg • Südafrika • Südamerika • Südengland • Südkorea • Südsee • Südtirol • Sylt • Syrien • Taiwan • Teneriffa • Tessin • Thailand • Thüringen • Tirol • Tokio • Toskana • Tschechien • Tunesien • Türkei • Türkische Mittelmeerküste • Umbrien • Ungarn • USA • USA: Neuengland • USA Ost • USA Südstaaten • USA Südwest • USA West • Usedom • Venedig • Venezuela • Vietnam • Wales • Die Wartburg/Eisenach und Umgebung • Weimar • Wien • Zürich • Zypern • Die besten Weine in Deutschland • Die 30 tollsten Ziele in Europa • Die tollsten Hotels in Deutschland • Die tollsten Musicals in Deutschland • Die tollsten Restaurants in Deutschland

Die Marco Polo Redaktion freut sich, wenn Sie ihr schreiben: Marco Polo Redaktion, Mairs Geographischer Verlag, Postfach 31 51, D-73751 Ostfildern

Titelbild: Mauritius/Kahlbrandt + Kahlbrandt

Fotos: Autor (14); Autorin (16); Baumli (12, 22, 28, 32, 50, 66, 72); Kallabis (62); Lade: BAV (41); Mauritius: Beck (48), Hubatka (107), Leblond (7, 76), Mehlig (8), Murillo (83), Nägele (55), Pigneter (4), Schwanke (30); Schapowalow: Huber (85); Transglobe: Merten (69, 71), Mollenhauer (90), Svensson (26); Touristik-Marketing GmbH (34)

8., aktualisierte Auflage 1998

Lektorat: José Barth
Gestaltung: Thienhaus/Wippermann (Büro Hamburg)
Sprachführer: in Zusammenarbeit mit Ernst Klett Verlag für Wissen und Bildung GmbH, Redaktion PONS Wörterbücher

Printed in Germany
Gedruckt auf 100% chlorfrei gebleichtem Papier

INHALT

Auftakt: Entdecken Sie Teneriffa! 5
Strandurlauber und Bergwanderer, Stadtmenschen und Naturfreunde – alle finden sie auf diesem gesegneten Eiland, was sie suchen

Geschichtstabelle 6

Teneriffa-Stichworte: Von Guanchen und Drachenbäumen 13
Die größte der Kanarischen Inseln hat nicht nur Spaniens höchsten Gipfel zu bieten

Essen & Trinken: Speisen wie ein Canario 23
Von kräftigem Zuschnitt und voller urwüchsiger Überraschungen ist die teneriffische Küche

Einkaufen & Souvenirs: Schnitzereien und Strelitzien 29
Auf den großen und den kleinen Märkten kann man Shopping mit allen fünf Sinnen wahrnehmen

Teneriffa-Kalender: Teppiche aus Blüten 31
Ob Kirchenfest, ob Karneval – die Teneriffer verstehen die Feste zu feiern, wie sie fallen

Nordwestküste: Ein Paradies auf Erden 35
In diesem Teil der Insel scheint ewiger Frühling zu herrschen

Nordostküste: Klippen und Klüfte 51
Wer wandern und schöne Aussichten bewundern will, ist hier in seinem Element

Nationalpark: Geschützte Teide-Landschaft 63
Vor mehr als 300 000 Jahren entstand diese phantastische Vulkankulisse

Südostküste: Einheimische unter sich 67
Östlich des Teide ist das ländliche Teneriffa zu Hause – und die Inselpatronin

Südwestküste · Gomera · Hierro: Die große Badewanne 73
Hier ist das Eldorado für alle, die mit Ferien Strandleben und alle Arten von Wassersport meinen

Routen auf Teneriffa 86

Praktische Hinweise: Von Auskunft bis Zoll 91
Hier finden Sie Informationen für die Reiseplanung und den Inselaufenthalt

Warnung: Bloß nicht! 98

Sprachführer Spanisch: Sprechen und Verstehen ganz einfach 99

Reiseatlas Teneriffa 107

Register 127

Was bekomme ich für mein Geld? 128

Entdecken Sie Teneriffa!

Strandurlauber und Bergwanderer, Stadtmenschen und Naturfreunde – alle finden sie auf diesem gesegneten Eiland, was sie suchen

Packen Sie schon mal den Koffer – es geht gleich los. Welche Ansprüche Sie auch immer an Ihr Urlaubsziel stellen, Teneriffa hat bestimmt auch Ihnen etwas zu bieten. Als Wassersportler finden Sie hier das notwendige Element und dazu die herrlichsten Wellen. Als Strandurlauber lacht Ihnen auf Teneriffa fast immer irgendwo die Sonne, und je nach Region stehen Ihnen Sandstrände und einsame Badebuchten zur Verfügung. Sind Sie Wanderer oder Bergsteiger, warten hier auf Sie ländliche Wege, herrliche Wälder und Berge mit wildromantischen Schluchten. Auch erlebnishungrige »Nachtvögel« finden ihren Platz. Sogar Schneeliebhaber erwartet in den Wintermonaten in 2000 Meter Höhe eine weiße Pracht.

Wer sich als Teneriffa-Neuling im Flugzeug der Insel nähert und aus dem schmalen Bordfenster in die Tiefe blickt, ahnt freilich so gut wie nichts von alledem. Außer einem Wolkenband, das sich über die Mitte der Insel spannt, bekommt er kaum etwas zu sehen. Noch beim Landeanflug mag so mancher Neuankömmling sich besorgt fragen: Sollte der Flugkapitän an die falsche Kanareninsel geraten sein? Wer nach rund viereinhalb Stunden Flugzeit den kalten Breiten Deutschlands entflohen ist, findet sich nämlich zunächst in einer wüstenhaften Landschaft wieder, wenn er auf dem Südflughafen Reina Sofía der Maschine entsteigt. Unübersehbar sind die vielen kahlen Vulkanhügel, auf denen sich kakteenähnliche und vertrocknete Pflanzenbüschel in den heißen Himmel recken – eine spärliche Vegetation, welche an die nur 300 Kilometer entfernte Sahara Afrikas erinnert. Dennoch ist Teneriffas Süden mit den zwei großen Ferienzentren Playa de las Américas und Los Cristianos das endgültige Ferienziel vieler Besucher. Beim näheren Kennenlernen enthüllt dann auch diese Region ihre Reize, die allerdings weniger in landschaftlichem Reichtum liegen

In allen Farben leuchtet Teneriffa, die an Naturschönheiten reiche »Insel des ewigen Frühlings«

Geschichtstabelle

1100–800 v. Chr.
Vermutlich erste Besuche der Phönizier auf den Kanaren

1341 n. Chr.
Wiederentdeckung der Inseln durch portugiesische Seefahrer

1402
Beginn der Eroberung des Archipels für die kastilische Krone durch Jean de Béthencourt

1477
Die Katholischen Könige beauftragen Alonso Fernández de Lugo mit der Eroberung der noch unabhängigen Inseln Gran Canaria, Teneriffa und La Palma

9. August 1492
Christoph Kolumbus, der auf seiner Entdeckungsfahrt an der Insel vorbeisegelt, notiert im Logbuch einen Teide-Ausbruch

1494
Spanier landen am Strand von Añaza, dem heutigen Santa Cruz; Friedensverhandlungen mit den Guanchen scheitern

1495
Sieg der Spanier über die Guanchen bei La Victoria; Teneriffa wird als letzte Kanareninsel spanisch

16. Jahrhundert
Kolonisierung Teneriffas und Christianisierung der Guanchen; Zuckerrohranbau und -verarbeitung

17. Jahrhundert
Anpflanzung von Weinreben, nachdem der Zuckerrohranbau unrentabel geworden ist

1704/1705/1706
Folgenschwere Vulkanausbrüche

1715
Der Weinabsatz gerät in die Krise, was viele Bewohner Teneriffas zur Auswanderung nach Lateinamerika veranlaßt

1744
La Laguna erhält die erste kanarische Universität

1797
Bei einem Flottenangriff auf Santa Cruz verliert Admiral Nelson den rechten Arm

1852
Teilung der Kanaren in die beiden Provinzen Santa Cruz de Tenerife und Las Palmas de Gran Canaria

Ab 1870
Mit dem Siegeszug der Anilinfarben kommt Teneriffas Koschenillegewinnung zum Erliegen, was abermals Tausende zur Auswanderung treibt

1888
Erste Bananenpflanzungen

18. Juli 1936
General Francisco Franco, Militärkommandeur der Kanaren, fliegt von Santa Cruz nach Spanisch-Marokko – der Spanische Bürgerkrieg beginnt

Ab 1960
Der Tourismus wird zum wichtigsten Wirtschaftszweig

1982
Die beiden kanarischen Provinzen werden als Region autonom

als vielmehr in den idealen Wassersportmöglichkeiten. Flache Küstenzonen, helle Sandstrände und ein fast immerwährender Sommer laden hier ganzjährig zum Baden im blauen Atlantik ein. Besonders Windsurfer und Segler bevorzugen den Süden Teneriffas, weil hier die geeigneten Windstärken vorherrschen.

Durch diese steinige und sandige Landschaft führt die Autobahn an der Küste entlang nordwärts und dann in einer großen Westkurve in eine »andere« Inselwelt. Wer nach gut einstündiger Fahrt dort ankommt, dem zeigt sich Teneriffa als die in allen Farben leuchtende, an Naturschönheiten reiche »Insel des ewigen Frühlings«. Man erblickt kilometerweit Bananenstauden, deren sattes Grün den gesamten Norden Teneriffas beherrscht, grünende Wälder und eine abwechslungsreiche, kunterbunte Pflanzenwelt. Deutlich ist auch das zentrale Bergmassiv der Cumbre Dorsal auszumachen, das aus den Passatwolken ragt und die Insel in zwei verschiedene Landschaftszonen teilt: den trockenen, kargen Süden und den saftigen, fruchtbaren Norden. Das Wachstumswunder des Inselnordens besorgen das sonnenscheinreiche Klima, der mineralträchtige Boden und der ständig säuselnde Nordostpassat. Die von ihm herangeführten feuchten Luftmassen stoßen an die Gebirgshänge und kühlen sich beim Aufsteigen ab. An den Nordhängen bilden sich dann in

Seit Jahrhunderten auch auf Teneriffa heimisch: der Feigenkaktus

den Höhen zwischen 700 und 1700 Metern während der Morgenstunden die typischen Passatwolken, die sich im Lauf des Nachmittags meistens wieder auflösen. Regen allerdings bringen diese Wolken selten. Ihre Feuchtigkeit erhält die Natur vielmehr in Form von Nebel und Wasserkondensation. Auf den leeseitigen Berghängen wird der Passat zum trockenen Fallwind; er mindert die heißen Temperaturen im Süden, die sonst um zwei bis vier Celsiusgrade höher lägen. Das so erzeugte Klima ist einmalig auf der Welt; es beschert der Insel ausgewogene Temperaturen, die in den Sommermonaten im Mittel bei 18–24, in den Wintermonaten durchschnittlich bei 16–20 Grad Celsius liegen, und macht Teneriffa zu einem ganzjährigen Urlaubsziel. Auch an sehr heißen Tagen empfindet man hier die Hitze nicht als drückend, da die immer wehenden Passatwinde ihr die Strenge nehmen. Sogar in den Abendstunden ist die Luft mild und angenehm; selten erreichen die Temperaturen im Winter einen Tiefpunkt von weniger als 14 Grad Celsius. Nicht von ungefähr gab der Naturforscher Anderson, der an der dritten Expedition von Kapitän Cook teilnahm, den Ärzten den Rat, »ihre Kranken nach Teneriffa zu schicken«.

Was die vielen Urlaubsgäste aus allen Ländern der Welt nach Teneriffa zieht, ist nicht zuletzt die Verschiedenartigkeit der Insellandschaft. Gebannt starrt man in 2000 Meter Höhe auf eine »Mondlandschaft«, wo erstarrte Lavamassen und Lavablöcke in bizarren Formen und schillernden Farben an ein vulkanologisches Museum erinnern. Aus dieser Umgebung wächst der höchste Berg Teneriffas, der Pico del Teide, auf

Zum weit übermannshohen Strauch gedeiht der Weihnachtsstern

Sich anpassen und sich erholen

Die Teneriffer sind nicht Untertanen der Zeit – sie machen sich die Zeit untertan. Hetze kennen sie kaum. Schlangestehen vor dem Post- oder dem Bankschalter gehört zum Alltagsbild. Da sollte sich auch der Urlauber in Geduld üben. In den Nachmittagsstunden wird auf dem Lande noch ausgiebig Siesta gehalten. Dann wird man wieder mit der teneriffischen Lebenseinstellung konfrontiert: Die Busse, vor allem auf dem Land, kommen schon mal später, Kirchen und kleine Museen sind geschlossen, und der Barbesitzer döst am Fernseher vor sich hin. Wer sich dieser behäbigen Lebensweise anpaßt, verbringt mit Sicherheit einen erholsameren Urlaub als einer, der seine hektische Betriebsamkeit während des Inselaufenthalts beibehält.

3718 Meter ü. d. M. empor, womit er auch der höchste Berg auf spanischem Territorium ist. Im Nordosten der Insel raubt dem Besucher ein neuer und unerwarteter Landschaftskontrast den Atem: die zerklüftete Felsmasse des Anagagebirges, die sich als Halbinsel aus dem Atlantik erhebt. Im Nordwesten überrascht den Inselentdecker die nicht weniger imposante Gebirgsformation des Tenogebirges – eine strenge, abgesonderte Welt, bedeckt von einem bunten Naturteppich. In den Tälern liegen verträumte Dörfer, die vom Durchschnittstouristen kaum wahrgenommen werden, für Wanderer und Bergsteiger indes ein wahres Paradies darstellen, sind sie doch Ausgangspunkte für abwechslungsreiche Erkundungen. Die Landschaften im Norden Teneriffas wechseln immer wieder wie Szenen in einem Film. Hier die grandiose Ödnis der Hochgebirgszone, dort das leuchtende Grün der scheinbar undurchdringlichen Wälder aus Lorbeer- und Eukalyptusbäumen, Pinien und Kiefern. Der fruchtbare Boden im Norden Teneriffas spendet sommers wie winters eine üppige Ernte. Getreide, Tomaten, Kartoffeln, Mais, Wein und unterschiedliche Obstkulturen gedeihen auf den Talhängen. Manche Früchte entwickeln sich zu einer Größe, angesichts deren so mancher nordeuropäische Agrarwirt vor Neid erblassen dürfte.

Man könnte Teneriffa als Miniaturkontinent bezeichnen, der auf nur 2057 Quadratkilometern die verschiedensten Landschaften versammelt, für die eigentlich ein ganzer Erdteil vonnöten wäre. Überdies besitzt Teneriffa eine Anzahl von Blumen und Pflanzen, von denen einige nur hier und nirgendwo sonst auf der Welt gedeihen. Eher als Unkraut wuchern und blühen die Bougainvilleen in den Farben Rot und Violett, Häuserwände und Straßen zierend. Der Weihnachtsstern, vielen Europäern nur als Topfpflanze bekannt, wächst als weit übermannshoher Strauch, und wem es die exotische Schönheit der Papageienblume oder Strelitzie angetan hat, der kann sie, fluggerecht verpackt, als Urlaubsandenken mit nach Hause nehmen. Nicht nur in der Natur, auch in den Urlaubsorten begegnet dem Besucher auf Schritt und Tritt das blühende Wunder, das die Betonatmosphäre auflockert.

Wer mit offenen Augen zu reisen versteht, wird auch die Städte und die Dörfer mit ihren Kunstwerken und Schätzen entdecken, etwa die hübschen kanarischen Holzbalkone, die es überall auf der Insel gibt, aber auch Kunstschätze und Grabungsfunde, welche die Inselgeschichte bezeugen, angefangen bei den Ureinwohnern, den Guanchen, von denen man noch immer nicht weiß, wie sie auf die Insel kamen. Bekannt waren indessen ihre Friedfertigkeit und ihr Stolz, Eigenschaften, die man bis heute bei den *canarios* finden kann, trotz jahrhundertelanger Verschmelzung mit den spanischen Eroberern. Die *canarios* sind ausländischen Besuchern gegenüber hilfsbereit und freundlich; hat man erst einmal Verbindung mit ihnen, sind sie aufgeschlossen und überaus gastfreundlich. Nur pünktlich sind die wenigsten von ihnen, und ihre fast schon störrische Gelassenheit hat schon so manchen Nordeuropäer an den Rand der Verzweiflung gebracht. Je nachdem, welcher Gesellschaftsschicht sie angehören, ob sie in der Stadt oder ob sie auf dem Land leben, werden sie dem Fremden unterschiedlich begegnen. Je dörflicher die Umgebung, um so schlichter wirken die *canarios*, besonders die älteren, die wie eh und je teilnahmslos-zufrieden vor ihren Haustüren sitzen, als habe es die rapiden Veränderungen, die der Tourismus mit sich brachte, nie gegeben. Dabei sind die vielen Hotelbauten im Süden der Insel ebenso wie in Puerto de la Cruz, dem größten Ferienzentrum im Norden, längst nicht mehr zu übersehen. Mit dem Beton kamen ab dem Anfang der 60er Jahre auch die devisenbringenden Touristen nach Puerto, dessen Einwohnerzahl inzwischen auf ungefähr 27 000 angewachsen ist. Ein buntes Gemisch von Urlaubern aus aller Herren Ländern, *canarios*, Festlandsspaniern, indischen und arabischen Geschäftsleuten verleiht Puerto ein südländisch-internationales Ambiente. Doch dieser Ort hat etwas von seinem angestammten Charakter bewahrt: die Altstadt mit ihren verwinkelten Straßen und Gassen, ihren von Lorbeerbäumen und Palmen beschatteten Plätzen, wo die Einheimischen Siesta halten. Das Alte kontrastiert hier immer wieder mit dem Neuen: da die traditionellen kanarischen Häuser mit ihren kunstvoll verzierten Holzbalkonen, der alte Fischerhafen, wo man in erholsamer Ruhe dem Angeln frönt, dort die plumpen Hotelbauten, Massengedränge, von Autos verstopfte Straßen. Wer für einige Augenblicke die Unzulänglichkeiten des Urlaubsbetriebes fliehen will, ist jedoch mit wenigen Schritten in den nahe gelegenen Parks, in Blumengärten und anderen Ruhezonen.

Im übrigen hält Teneriffa für die »schönsten Wochen des Jahres« ein abwechslungsreiches Freizeit- und Unterhaltungsangebot bereit. Nicht umsonst besuchen Jahr für Jahr rund drei Millionen, überwiegend Nordeuropäer, die Insel. Wegen der Sonne? Gewiß auch, mindestens ebensosehr aber deshalb, weil Teneriffa mehr bietet, als die Prospekte aussagen, als Reiseveranstalter und -büros vermitteln können. Für viele Menschen ist das alljährliche Überwintern hier schon ein fester Bestandteil ihres Lebens. Das soll nicht heißen, daß Teneriffa nur für Rentner und Pensionäre geeignet wäre – im Gegenteil: Besonders junge Menschen können auf der Insel vielen Urlaubsvergnügungen nachgehen. Neben sämtlichen denkbaren Wassersportarten wie Segeln, Tauchen, Windsurfen, Wellenreiten und Wasserski sind Reiten, Golf und Tennis ebenso populär wie Wandern und Angeln, und wer auf abendlich-nächtliche Vergnügungen aus ist, wird gleichfalls auf seine Kosten kommen. Zu alledem tritt ein vielseitiges Kulturangebot. Selbst auf deutschsprachige Theateraufführungen muß man hier nicht verzichten – Tourneetheater wie die »Kleine Komödie« geben während der Wintermonate in Hotels und Sälen Vorstellungen. Nicht zu übersehen sind ferner die zahlreichen Feste, die fast das ganze Jahr über in Dörfern und Städten gefeiert werden. Schon die Ureinwohner pflegten Tanz und Gesang. Für die Nachfahren der Guanchen sind Folklore, Spiele und Ringkämpfe hinzugekommen. Von heißen Rhythmen und lebhaften Tanzbewegungen gekennzeichnet, sind die Feste der *canarios* ausgezeichnete Gelegenheiten, Tradition und Geselligkeit der Insulaner mitzuerleben. Das größte, bunteste und aufwendigste Spektakel des kanarischen Festkalenders ist der Karneval, der jenem von Rio nicht nur in geographischer Hinsicht nahesteht.

Nach und nach wird ein Manko der Nordküste Teneriffas ausgeglichen: die fehlenden Strände. In Puerto de la Cruz etwa stehen inzwischen zwei großzügige Strandanlagen zur Verfügung, nämlich die Playa Jardín und die Playa Martiánez, die sich gleich an die künstlich angelegten Meerwasserschwimmbäder anschließt. Die vulkanische Geburt der Insel hat zudem bewirkt, daß im Norden eine ziemlich unzugängliche Steilküste vorherrscht, die immer wieder von cañonartigen Schluchten, den *barrancos*, durchzogen ist. In den Wintermonaten, wenn es durchaus einmal stürmisch zugehen kann, brechen sich hier die herandonnernden, haushohen Wellen und veranstalten ein gewaltiges Naturschauspiel. Eher romantisch nehmen sich demgegenüber die Sonnenuntergänge aus, wenn die Felsen in glühende Farben getaucht erscheinen und die Sonne in Minutenschnelle am Atlantikhorizont versinkt.

Manche Besucher, zumeist junge Leute, nutzen Teneriffa als Sprungbrett zum »Inselhüpfen«. Die einen fliegen vom Nordflughafen auf die westlichen Nachbarinseln La Palma und Hierro, die anderen fahren mit dem Schiff nach Gomera. Wer die Gegensätze liebt, besucht dann auch noch die östlichen, eher kargen Inseln: Gran Canaria, Lanzarote, Fuerteventura.

Von Guanchen und Drachenbäumen

Die größte der Kanarischen Inseln hat nicht nur Spaniens höchsten Gipfel zu bieten

Architektur

Da Teneriffa seit der Eroberungszeit keine zerstörerischen Kriege erlebt und das milde Klima kaum Witterungsschäden verursacht hat, sind auf der Insel noch viele schöne Feudalpaläste, Kirchen, Klöster und Häuser aus dem 17. und dem 18. Jahrhundert in ihrer ursprünglichen Pracht erhalten. Gleich nach der Eroberung entstanden die ersten Kirchen im gotischen Stil. Einwanderer aus Andalusien und Portugal bauten ab Anfang des 17. Jahrhunderts Kirchen im Mudéjarstil. Wer die Insel erkundet, wird feststellen, daß der Kirchenbau damals sehr rege war. Das Tischlerhandwerk entwickelte sich parallel dazu. Kunstvoll geschnitzte Balkone, oft aus kostbarem Tea-Holz, das sich dunkel von der weißgetünchten Hauswand abhebt, wurden zu einem typischen Element der Fassade. Aus Spanien übernahm man die Vorliebe, Häuser um Innenhöfe herum zu gruppieren. In diesen *patios* sind die schönsten Gärten angelegt, deren Mitte oft ein Springbrunnen ziert. Die einfache Land- und Stadtbevölkerung baute sich weißgetünchte, mit roten Rundziegeln gedeckte, einstöckige Häuschen auf viereckigem oder L-förmigem Grundriß mit zum Teil kunstvoll geschnitzten Türen und Fensterläden. Eine unregelmäßige Fensteranordnung deutet auf ein Gebäude des 16. Jahrhunderts, während erst ab dem 17. Jahrhundert eine symmetrische Ordnung mit gleich großen Fenstern und der Tür in der Fassadenmitte üblich wurde. In portugiesischem Kolonialbarock, mit kunstvollen gußeisernen Balkongeländern, wurde zu Beginn des 19. Jahrhunderts hauptsächlich in den Städten gebaut. Der Neoklassizismus bestimmte in dieser Epoche die Architektur von Rathäusern und Repräsentationsgebäuden. Ab der Mitte des 20. Jahrhunderts, mit dem Tourismus-Boom, kam dann die Zeit der eilig hochgezogenen Betonhochhäuser. In Puerto de la Cruz entstanden die

Wird jetzt weiträumig umfahren: der altehrwürdige Drachenbaum in Icod de los Vinos

Altes teneriffisches Haus mit charakteristischen Holzbalkonen

Meerwasserschwimmbäder des »Lago de Martiánez«, mit Inseln und Wasserläufen, ein Werk des Lanzaroter Künstlers und Architekten César Manrique, dessen Baustil sich in die gegebenen Landschaftsstrukturen einpaßt. Heute wird im neokanarischen Stil gebaut, mit den traditionellen Holzbalkonen und Steinverzierungen.

Blumenteppiche

Als in der Mitte des 19. Jahrhunderts das Interesse an der Fronleichnamsprozession in der Bevölkerung des Orotavatals nachließ, hatte die adlige Señora del Castillo de Monteverde die Idee, aus Anlaß der Prozession einen Blumenteppich vor ihr Haus legen zu lassen. Wenig später entstanden schon Blumenfiguren mit zwei im Zentrum eines Ovals schwebenden Tauben als Motiv. Die neue Kunst fand schnell Anhänger, und bald war der ganze Prozessionsweg eine Blütenstraße. 150 Wagen waren schon damals nötig, um Heidekraut für die Blumenmuster heranzufahren. Durch unterschiedlich starkes Rösten des Krauts bekommt man verschiedene Farbschattierungen, von Grün bis Schwarz. Der Hintergrund der Blumenbilder wird damit ausgelegt und mit den Blütenblättern die Zeichnung koloriert. Anläßlich des Besuchs von König Alfons XIII. in La Orotava im März 1906 wurde der Rathausplatz zum erstenmal mit einem Blumenteppich geschmückt. Berühmt für seine Entwürfe war Felipe Machado y Benítez de Lugo. Er begann schon einen Monat vor Fronleichnam mit dem Auslegen und hatte die Idee, auch bunte Lavaerde zu verwenden. Auch Datteln, Eukalyptusfrüchte, Strohstücke und Gemüse fanden bei seinen Kompositionen Verwendung. Sein Enkel Tomás entwickelte den monumentalen Teppich von einer Größe von 870 Quadratmetern, mit einmaligen Farben, die je nach Lichteinfall leuchten. Heute legt die städtische Zeichenakademie den dreiteiligen Teppich vor dem Rathaus von La Orotava, und jedes Jahr kommen Tausende Besucher, um die dargestellten Bibelszenen zu bewundern. Auch in La Laguna wird diese Kunst gepflegt. Hier legen die Studenten Teppiche in den Straßen von der Kirche La Concepción bis zur Kathedrale.

Entstehung der Insel

Das Anagagebirge im Nordosten, das Gebiet um Adeje im Südwesten und das Tenogebirge im Nordwesten bestehen, wie Gesteinsuntersuchungen ergeben haben, aus Basaltgestein, das älter ist als der Rest der Insel. Daraus folgerte man, daß diese drei Bereiche ursprünglich drei einzelne Inseln waren, die erst ein riesiger Vulkan, der sich bis zu 6000 Meter in die Höhe schob, zu einer einzigen Insel zusammenschmiedete. Weitere Vulkantätigkeit trug diesen Gipfel ab, und es bildete sich der heutige Cañadas-Krater auf 2000 Meter Höhe mit einem Umfang von 45 Kilometern. Andere Vulkanausbrüche am Nordwestrand bauten den Teide-Vulkankegel auf, der die wiederum älteren Auswurfmassen des Pico Viejo teilweise überlagerte. Der letzte Vulkanausbruch auf Teneriffa fand 1909 statt, als nordwestlich des Teide der Chinyero zehn Tage lang Lava ausspie.

Folklore

Die Verehrung eines Schutzpatrons oder ein kirchlicher Feiertag geben auf Teneriffa immer Anlaß zum Feiern. Hierzu gehört in erster Linie eine feierliche Prozession oder ein farbenfroher Umzug. Lauttönende Musik und Tanz bestimmen das gesellige Beieinander am Abend. Schon Tage vorher wird der Ort mit bunten Girlanden geschmückt und auf der *plaza* eine Tribüne aufgebaut. In ihre bunten Trachten schlüpfen die *tinerfeños*, die Bewohner Teneriffas, wenn sie zu einer *romería*, einer Wallfahrt, aufbrechen, was in der Zeit von Mai bis August zu geschehen pflegt, oder für touristische Veranstaltungen. Jede Region besitzt ihre eigene Tracht. Im Orotavatal tragen die Frauen leuchtendbunte gestreifte Röcke, die seitlich gerafft sind, kunstvoll bestickte rote Mieder und ein Kopftuch, auf dem ein kleiner Strohhut sitzt. Die Musik hat deutliche südamerikanische Anklänge; große Kastagnetten *(chácaras)*, Gitarren, eine Art Mandoline *(banduria)* und die *timple*, eine kleine Gitarre mit vier Saiten, verbreiten gefühlvolle Sambarhythmen. Gesänge mit sonorem arabischem Einfluß und lustig-flotte Lieder wechseln sich ab. In Gruppen werden Reigen- und Spieltänze getanzt und einheimische Kampfsportarten vorgeführt. Die *lucha canaria*, der kanarische Ringkampf, bei dem sich die Gegner an den Hosenaufschlägen zu fassen bekommen, die *lucha de garrote*, ein Stockkampf, *pulseo de piedra*, Gewichtheben mit Felsbrocken, und der *salto del pastor*, der Hirtensprung über *barrancos*, sind nur einige.

Guanchen

Von den Ureinwohnern der Kanarischen Inseln, also auch Teneriffas, den Guanchen, existieren heute so gut wie keine Spuren mehr; ein paar Gegenstände des täglichen Gebrauchs und Mumien in Museen dürften die einzigen handfesten Überreste sein. In der heutigen Bevölkerung ist man stolz darauf, wenn man seine Abstammung auf einen Guanchen zurückführen kann, erlaubt dies doch eine Distanzierung von den spanischen Eroberern. Es sollen zwei Guanchenrassen existiert haben, die cromagnoide und die mediterrane. Die cromagnoide Rasse hatte ein breites und derbes Gesicht, die mediterrane ein langes mit feinen Gesichtszügen. Zwischen den Inseln bestand keine Verbindung, da Seefahrt damals unbekannt war. Die Guanchen sollen friedfertig und mit guten Eigenschaften ausgezeichnet gewesen sein. Auf Teneriffa wurde ihr König *mencey* genannt. Die Todesstrafe existierte nicht. Diebe wurden freilich schwer bestraft; eine peinliche Stockstrafe erwartete denjenigen, der sich Frauen gegenüber respektlos verhielt. Einem Mörder nahm man all seinen Besitz, um die Hinterbliebenen damit zu entschädigen. Die Guanchen lebten von Viehzucht und Landwirtschaft. Sie kannten die Töpferei und verzierten ihre von Hand aufgebaute Keramik recht gut. Als Behausungen dienten ihnen hauptsächlich Höhlen oder Steinhütten mit strohgedeckten Dächern. Die Kleidung wurde aus wildlederartig gegerbten Ziegen- oder Schaffellen gefertigt. Die Nahrung der Guanchen bestand im wesentlichen aus Käse und Fleisch von Ziegen und Schafen sowie *gofio*, geröstetem Gersten- oder Weizenmehl. Außerdem ernährten sie sich von Früchten und Fisch. Die Fische fingen sie mit Netzen, die aus Binsen oder Palmblättern geflochten waren. Die Guanchen waren monogam; zur Eheschließung genügte die Einwilligung beider Partner, zur Auflösung der Wunsch eines Partners. Sie glaubten an ein höheres Wesen mit dem Namen Aborac oder Acoran. Die Toten wurden einbalsamiert. Vergleicht man Sprache, Sitten, Nahrungsmittel und physiognomische Merkmale der Guanchen mit jenen der Berber, gelangt man zu der Feststellung, daß die Guanchen aus der Berberei und dem antiken Libyen auf die Kanaren gekommen sein könnten. Wie – das ist allerdings bis heute ein Rätsel geblieben.

In Bronze gegossener Guanchenkönig in Candelaria

Hitze aus Afrika

Zwei- bis dreimal im Jahr, immer im Herbst und Frühjahr, bläst für einige Tage ein heißer Wind von der Sahara auf die Kanarischen Inseln herüber. Die Einheimischen bezeichnen diesen schirokkoartigen Wind als *el tiempo de África*. Der Afrikasturm bringt rostroten Sand und Staub mit sich. Seine Hitze läßt die Luftfeuchtigkeit sehr stark herabsinken, dagegen steigen die Temperaturen auf rund 40 Grad an. Der Afrikasturm kündigt sich an, wenn die ersten rötlichen Staubfahnen über den Inselrücken ziehen. Dieser feine Staub findet in den kleinsten Öffnungen Platz. Die Sturmböen richten aber vor allem in der Natur erhebliche Schäden an. Oftmals werden ganze Obstplantagen vernichtet. In den Touristenorten mildern die hohen Gebäude die Wirkung des Sturms, und die Küstennähe sorgt für etwas Feuchtigkeit. Die Erlösung für Mensch und Natur kommt meistens nach drei bis fünf Tagen, wenn heftige Regenfälle dem Spuk ein Ende bereiten.

Kulturszene

Teneriffa liegt zwar weit von Europa entfernt, dennoch besteht kein Grund zu der Annahme, die Menschen dieser Insel seien deshalb mit Kulturgütern nur spärlich versorgt. Zunächst einmal fällt dem Interessierten das umfangreiche Bücherangebot in den Buchhandlungen in der Universitätsstadt La Laguna, in Santa Cruz und in Puerto de la Cruz auf. Er wird ein kaum überschaubares Titelangebot der bedeutendsten Schriftsteller aus aller Welt vorfinden, die allesamt ins Spanische übersetzt wurden. Derjenige, der mit der spanischen Sprache etwas vertraut ist, kann in den hiesigen Tageszeitungen ein vielfältiges Angebot von Kursen, Seminaren und Vorträgen finden. Die Bevölkerung Teneriffas ist wißbegierig, viele Bürger wollen sich fort- und weiterbilden. Zeugen des regen kulturellen Lebens sind auch die vielen Konzerte, Theateraufführungen und Opernaufführungen in den größeren Orten und in den Städten, wobei sich für diejenigen Inselbesucher, die kein Spanisch sprechen, naheliegenderweise die musikalischen Veranstaltungen empfehlen.

Landwirtschaft

Auch auf Teneriffa wandern die jungen Menschen aus den Dörfern in die Touristenzentren und die Städte ab, und fruchtbares Land fällt an Bodenspekulanten. Trotzdem spielt die Landwirtschaft auch heute noch eine große Rolle. Monokultur, etwa von Zuckerrohr, Reben, Feigenkakteen (für die Koschenillezucht) und Bananen, trieb die Inselbewohner in der Vergangenheit wiederholt in existenzbedrohende Krisen. Deshalb setzt man mittlerweile auf Mischkultur. Bananen, Tomaten, Orangen, Zitronen, Kartoffeln, Avocados, Wein, Erdbeeren und Blumen sind heute die Haupterzeugnisse, wobei die Banane immer noch im Vordergrund steht, jedoch aufgrund der steigenden Produktionskosten und der starken Konkurrenz aus Mittelamerika deutlich auf dem Rückzug ist. Die Plantagen liegen vorwiegend in den unteren Regionen der Nordküste und im Südwesten der Insel. Der Anbau der Bananenstauden, deren eingerollte Blätter wie ein Stamm wirken, erfordert sorgfältige Bodenbearbeitung und viel Wasser. Hauptabnehmer von Teneriffas Bananen ist mit rund 95 Prozent Spanien selbst. Überall an den steilen Gebirgshängen werden die Felder auf Terrassen bebaut, wo Bodenerosion, felsiger Untergrund, Wassermangel und die sengende Sonne die Arbeit erschweren. Hier läßt die Hanglage den Einsatz von Traktoren nicht zu. Um einen guten Ernteertrag zu erzielen, sind ausgedehnte Bewässerungssysteme notwendig. Im trocken-heißen Süden bewährt sich der kanarische Trockenfeldanbau: Der Boden wird mit porösen, wasserspeichernden Basaltsteinchen abgedeckt, die Wasser aus der feuchten nächtlichen Bodenluft kondensieren und die Erde vor zu starker Verdunstung und Erosion schützen. Neben Bananen sind Ziegenkäse und ein kräftiger Rotwein wichtige Erzeugnisse von Teneriffas Agrarwirtschaft. Hühner-, Kaninchen- und Schweinezucht decken den Fleischbedarf der Einheimischen. Blumen sind zu einem wichtigen teneriffischen Exportartikel geworden; als Souvenir für Touristen wird hauptsächlich die Papageienblume (Strelitzia reginae) vermarktet.

Lucha canaria

Die kanarischen Ringkämpfe sind bei der Bevölkerung sehr beliebt, sie werden deshalb auch im regionalen Fernsehen übertragen. Wahrscheinlich handelt es sich bei dieser Sportart um ein Überbleibsel eines Wettkampfes, den schon die Guanchen pflegten. Dieser Ringkampf ist kein Einzelsport, sondern ein Mannschaftssport, bei dem jede Mannschaft zwölf Spieler umfaßt. Sie vertreten ein Stadtviertel, ein Dorf oder eine Insel. Die Kämpfer sind mit einem Hemd und einer Hose aus grobem Leinen bekleidet. Die Hose, deren Beine an den Oberschenkeln so weit wie möglich hochgerollt sind, spielt beim Wettbewerb eine große Rolle: Hier ist nämlich die einzige Stelle, wo der Gegner sich festgreifen darf. Derjenige bekommt einen Punkt, der den Gegner innerhalb des Rings (in dem der Kampf stattfindet) von den Füßen holt. Wenn man das erstemal einem solchen Ringkampf beiwohnt, gewinnt man unschwer den Eindruck, daß sich 24 Athleten gegenseitig die Hosen auszuziehen versuchen. Aber dieser Eindruck täuscht, denn der kanarische Ringkampf erfordert große physische Kraft, aber auch ein Gespür für die Absichten des Gegners. Den Rang der Kämpfer kann man an ihren farbigen Gürteln erkennen: Die Anfänger haben weiße Gürtel um, es folgen die Farben Gelb, Orange, Grün, Schwarz, Rot bis zum Blau.

Pflanzenwelt

»Teneriffa ist bereits mit den Pflanzen geschmückt, welche den Landschaften in der Nähe des Äquators ihre Großartigkeit verleihen«, stellte schon Alexander von Humboldt fest. Mehr als 2000 verschiedene Pflanzenarten wachsen auf den Kanaren, 700 von ihnen nur hier. Entsprechend den verschiedenen Klimazonen am steilen Gebirgsrücken läßt sich die Vegetation in fünf Zonen einteilen. In der Region bis etwa 600 Meter ü. d. M. wachsen tropische und subtropische Pflanzen. Auf der Nordseite Teneriffas durchziehen großflächige Bananenplantagen diese untere Bergzone. Eukalyptusbäume, kanarische Zedern, Platanen, Mimosen, Palisander, Gummibäume, blaublühende Jakarandabäume, die verschiedensten Palmenarten und Lorbeerbäume säumen Gärten, Straßen und Plätze. Hibiskussträucher, Bougainvilleen, Tulpen- und Orchideenbäume blühen beinahe das ganze Jahr; der Weihnachtsstern wird mehrere Meter hoch und wuchert fast wie Unkraut. Rosen in allen Farben, Lilien, die weiße Kalla und die orange blühende Papageienblume schmücken Gärten und Parks. Im Süden wachsen Kakteen und Agavenarten bis auf 1000 Meter ü. d. M. Die Region von 600 bis etwa 1500 Meter ü. d. M. begrünen Kartoffel- und Kohlfelder, die von Kastanien- und Eukalyptushainen unterbrochen werden. Lorbeerwälder mit Farnen, Stechpalmen und Baumheiden bilden hauptsächlich noch im Anagagebirge einen dichten »Urwald«. Ab etwa 1500 Meter ü. d. M. überziehen ausgedehnte Kiefernwälder die Berghänge; in ihrem Schatten wachsen Heidekraut, Ginsterbüsche, Pilze und etliche nur auf den Kanaren heimische Pflanzenarten. Ab etwa 2000 Meter ü. d. M. kommen die meisten endemischen, ausschließlich kanarischen Arten vor, elf von ihnen nur in den Cañadas und am Teide. Eine botanische Spezialität der Kanarischen Inseln ist der Drachenbaum mit seiner aus spitzen, harten Blättern rund gefächerten Krone auf hohem, rauhem Stamm. Er gehört zu den Liliengewächsen und wird bis zu 20 Meter hoch. Ein besonders altes und stattliches Exemplar, der Drachenbaum von Icod de los Vinos, der den Teneriffa-Touristen als Sehenswürdigkeit gezeigt wird, soll 400–3000 Jahre alt sein. Im Stamm des Drachenbaums zeichnen sich keine Jahresringe ab. Deswegen versucht man das Alter anhand der Verzweigungen zu bestimmen. Diese erfolgen jedoch unregelmäßig, beispielsweise auch dann, wenn ein Blatt herausbricht. Beim Einritzen der Rinde färbt sich der austretende Saft blutrot; die Guanchen sollen dieses »Drachenblut« zum Einbalsamieren ihrer Toten verwendet haben.

Tierwelt

An wildlebenden Säugetieren gibt es auf Teneriffa lediglich vier Arten: Kaninchen, Mufflons (Wildschafe, erst in den siebziger Jahren von Jägern angesiedelt), Fledermäuse und Igel. Ferner leben auf der Insel zwei Gruppen von Reptilien: Eidechsen und Skinks. Eine Eidechsenart, dunkel gefärbt, mit grünlicher Rückenzeichnung, ist endemisch. Der kleine Gecko, der sich mit seinen Saugnäpfen an den Zehen sogar an der Zimmerdecke festsaugt, gilt bei den Einheimischen als Glücksbringer. Der Skink, eine kleine Glattechsenart, hat schwarze Flanken und ist auf der Oberseite olivgrün. In den Abendstunden quaken kleine, hellgrüne Laubfrösche. Die Familie der Insekten wird durch Käfer, Schaben und Schmetterlinge vertreten; außerdem gibt es Spinnen. Schöne bunte Schmetterlinge mit Flügelspannweiten bis zu 10 Zentimeter fliegen von Blüte zu Blüte. Giftige Tiere – außer Stechmücken – finden sich auf der Insel nicht. Ein vielfältiges Bild bietet die kanarische Vogelwelt. Es gibt Vogelarten, die nur auf den westlichen Kanaren vorkommen, und solche, die sogar nur auf jeweils einer einzigen Insel anzutreffen sind. Der blaue Teidefink gehört zu den ausschließlich auf Teneriffa lebenden Vogelarten, ebenso wie eine Spechtart *(picapinos)* und eine Rotkehlchenart. Wanderfalken, Steinadler, Wildtauben, Raben und der berühmteste Vertreter der kanarischen Vogelschar, der grau-grüne, eher unscheinbare Kanariengirlitz, bevölkern die luftigen Regionen. Aus einer Züchtung des letztgenannten Vogels entstand der bunte Kanarienvogel, der sogenannte Harzer Roller, der aus unseren Vogelkäfigen nicht fortzudenken ist. Auch einige Zugvögel landen im Winter auf den Inseln. Fischreich ist der Ozean um Teneriffa. In den Fischläden kann man *viejas*, eine Meeräschenart, die in den Farben Rosa bis Silbergrau gefangen wird, *salemas, chicharros*, Sardinen, *merluzas* (Seehecht, Hechtdorsch), Thunfische, Muränen und vieles andere Fischgetier sehen. Groß ist auch die Auswahl an verschiedenen Schal- und Weichtieren: Tintenfische *(calamares)*, Polypen *(pulpos)*, Miesmuscheln *(mejillones)* und natürlich Langusten und Hummer.

Tinerfeños

Die einheimische Bevölkerung der *tinerfeños* setzt sich in der Hauptsache aus einfachem Land- und Fischervolk zusammen. Unter Franco wurde das Volksbildungswesen sehr vernachlässigt; erst in den siebziger Jahren, mit der Demokratisierung, begann man die Schulpflicht ernst zu nehmen. Die Sprache ist ein Dialekt des Spanischen und tendiert zum Südamerikanischen hin. Besonders auffällig sind das Weglassen von s und von Endungen, die zum Teil nur gehaucht werden. Scherzhafterweise bezeichnen sich die *tinerfeños* als *chicharreros*, nach dem *chicharro*-Fisch. Im allgemeinen kann man sagen, daß die Teneriffer ein stolzes Volk sind und viel Wert auf ein gepflegtes Äußeres legen. Herzlich ist ihr Umgang untereinander. Die Frauen tratschen gern und viel. Auf der anderen Seite begegnet man vielen emanzipierten Frauen, die beispielsweise auf Ämtern und in Behörden tätig sind. Der größte Teil der Studentenschaft der Universität von La Laguna ist inzwischen weiblichen Geschlechts. Die Jugend liebt den Lärm – je lauter ein Moped knattert, um so besser. Bei *fiestas* kennt der Lautsprecherpegel, oft bis in die Morgenstunden, nach oben keine Grenze; Böllerschüsse und Feuerwerke gehören einfach mit dazu. Leider ist unter den Teneriffern ein egozentrisches, nur dem Augenblick verhaftetes Denken weit verbreitet. Unsicherheiten werden mit Charme überspielt. Dem Touristen gegenüber ist man hilfsbereit und freundlich. Man darf den *tinerfeño* jedoch nicht überfordern; sonst kann es passieren, daß man einfach links liegengelassen wird. Im übrigen haben die Einheimischen viel Humor, sie lachen und singen gern. Die meisten von ihnen nehmen ihren katholischen Glauben sehr ernst.

Volkskunst

Oft sind handgearbeitete Gegenstände die einzige Einnahmequelle vieler Familien in den kleinen Dörfern. Von außen sind die kleinen Familienbetriebe kaum zu erkennen, man muß schon einen Blick durch die Fenster und Türen der alten Häuser werfen. Hier wird für die Großabnehmer produziert, welche die Souvenirläden in den Urlaubsorten beliefern, wo diese zumeist rustikalen Kunstgewerbeartikel zum Verkauf angeboten werden.

Es sind vor allem Tischdecken und Textilien mit dem typischen kanarischen Hohlsaum, Gehäkeltes, Instrumente, Messer mit kunstvollen Griffen, Handstickereien, aber auch Töpferwaren oder ziselierter Schmuck. Die nicht abgenommene Ware darf anschließend von den Herstellern selber an Touristen verkauft werden. So stößt man in den abgeschiedenen Weilern im Inneren der Insel vielerorts auf Frauen, die ihre bescheidene Produktion am Straßenrand an den Mann bringen. Den Preis hier noch herunterhandeln zu wollen wäre deshalb nicht fair. Auf volkstümlichen Veranstaltungen, wie den *ferias*, treffen sich die Hersteller der ganzen Insel und bieten dort auf einer Art Ausstellung ihre Produkte an. In jedem Ort werden andere Artikel gefertigt. Hier eine Übersicht über die Produzenten: In den Orten La Orotava, Los Realejos, La Guancha, San Juan de la Rambla und Granadilla werden Hohlsaumstickereien, die *calados*, angefertigt. Tischdecken, Sets und Blousons werden so verziert. Aus Stroh geflochtene Körbe und Hüte werden in La Guancha und in der Gegend um Buenavista und Masca hergestellt. Man verwendet dafür einen Strohstrang, der mit weichen Fäden, Wolle, Bast oder Hanf umwickelt wird, damit er geschmeidig bleibt. Der Strang wird wie eine Spirale gewickelt und dann zusammengenäht. Betriebe, die große Körbe für die Geschäfte herstellen, gibt es in La Orotava und Los Realejos. Vogelkäfige aus Bambusrohr baut man in San Andrés und Icod de los Vinos. Auch wird noch traditionelle Keramik nach Guanchenart hergestellt, nämlich ohne Töpferscheibe. Auf diese Weise entstehen Schmuckdosen, Aschenbecher oder Vasen. Keramikwerkstätten sind in La Orotava, Los Cristianos und Güímar zu finden. Auch in der Holzschnitzerei sind die *canarios* sehr geübt. So werden kunstvoll geschnitzte Möbel in Buenavista, La Orotava und La Laguna angefertigt, in Taganana und San Andrés Musikinstrumente wie die *timple*, eine kleine Gitarre mit vier Saiten. Aus Holz werden außerdem noch Teller, Bestecke, Mörser zum Zerstampfen von Knoblauch und Käselöffel geschnitzt. Die typischen kanarischen Weinpressen und Balkone in Minigröße kommen aus La Orotava und Los Realejos.

Wassergewinnung

Um an die Grundwasserreserven der Insel heranzukommen, hat man zahlreiche, bisweilen kilometerlange Stollen, die *galerías*, in den Berg getrieben. Inzwischen gibt es über tausend solcher Stollen, von denen aber nur etwa zweihundert ergiebig sind. Über Kanäle wird das so gewonnene Wasser zu den Orten und in die Bananenplantagen gepumpt. Die Wasserrechte sind zum Teil in privater Hand und gehen da und dort sogar noch auf die spanischen Eroberer zurück, die seinerzeit das Land unter sich aufteilten. Eine weitere Methode der Wassergewinnung ist die mittels großflächiger Auffangbecken *(presas)*, in denen Regenwasser und überschüssiges Wasser aus den *galerías* gesammelt wird.

Speisen wie ein Canario

Von kräftigem Zuschnitt und voller urwüchsiger Überraschungen ist die teneriffische Küche

Ein Blick in die heimischen Kochtöpfe verrät es: »Gut essen« will auf Teneriffa anders verstanden sein. Das gilt indes nicht nur für die Gerichte selbst, sondern auch für die Einrichtung der Lokale, die einfach, aber auch gemütlich-urig und rustikal sein kann. Wer repräsentative Eingangszonen, nobles Eßgeschirr und Ober in Livrée gewohnt ist, sollte diese Dinge während seines Aufenthalts für eine Weile vergessen. Denn hinter einem prunkvollen Portal verbirgt sich nicht immer das, was man erwartet, während man hinter einer schlichten Fassade sehr oft erfreuliche Überraschungen erleben kann. In den Dörfern im Landesinneren und an den Küsten sind viele Restaurants und Bars in ausgebauten Garagen untergebracht und werden daher von Fremden leicht übersehen. Natürlich findet man in den Touristenorten und den größeren Städten auch gehobene Eßlokale nordeuropäischen Stils

Teneriffisches Küchenstilleben mit »papas arrugadas«

mit entsprechender Etikette, und wer auf sein gewohntes heimisches Essen nicht verzichten will, erhält seinen Schweinebraten oder das Eisbein mit Sauerkraut in deutschen Restaurants. Außerdem gibt es chinesische Lokale, wo dem Liebhaber fernöstlicher Gerichte Bambussprossen und Morcheln serviert werden. Die typisch kanarische Küche wird man weder dort noch bei der gebuchten Halbpension kennenlernen.

Ein Besuch in kanarischen Restaurants ist oft mehr als ein kulinarisches Erlebnis. Vielleicht sitzt man in einem offenen *patio*, umgeben von üppigem Grün und vielen Blumen, dazwischen ein leise plätschernder Springbrunnen; die Decken sind aus dicken Holzplanken gezimmert, und die Wände zieren allerlei nostalgische Utensilien. Solche Lokale finden Sie überwiegend in der Altstadt von Puerto de la Cruz und in den Dörfern.

Aber nicht nur daran erkennen Sie echt kanarische Lokale. Auch Ihre Nase führt Sie manchmal dorthin, dann nämlich, wenn Ihnen die Düfte von geschmortem Fleisch, Fisch, Kräutern und vor allem Knoblauch um die Nase wehen. Was Sie dort erwartet, sind herzhafte Gaumenfreuden, gezaubert aus den insularen Hauptnahrungsmitteln. Es sind dies Fisch, Geflügel, Kaninchen, Kartoffeln und verschiedene Gemüsesorten. Hinzu kommen zahlreiche Meeresfrüchte und Schaltiere, die allerdings nicht unbedingt zum Einkaufsplan eines einheimischen Haushalts gehören. Das Fleisch kommt zumeist tiefgefroren nach Teneriffa. Dennoch wird der anspruchsvolle Feinschmecker nicht auf ein feines Steak verzichten müssen.

Als Vorspeise nimmt man entweder eine Suppe *(sopa)* oder Krabben, in heißem Öl mit Knoblauch gegart. Am gängigsten sind Gemüsesuppe *(sopa de verdura)* und Fischsuppe *(sopa de pescado)*, in der allerlei Meeresfrüchte schwimmen sollten. Auch Knoblauchsuppe *(sopa de ajo)* ist etwas Typisches. Eine Spezialität sind die *papas arrugadas*, die fast immer als Beilage gereicht werden. Diese kleinen, runzligen Kartoffeln kommen in einen zugedeckten Kessel und werden mit Meerwasser oder reichlich mit Meersalz versetztem Leitungswasser so lange gedünstet, bis das Wasser verdampft ist. Die dann mit einer weißen Salzschicht überzogenen Kartoffeln ißt man mit oder ohne Schale, je nach Geschmack.

Wer essen will wie ein *canario*, kommt im übrigen an den knoblauchträchtigen Gerichten und Soßen nicht vorbei. Knoblauch gehört einfach zu den Fleisch- und Fischgerichten, den Suppen und insbesondere in die scharfen *mojo*-Soßen, die kalt zu den meisten kanarischen Spezialitäten serviert werden. Bei der roten Soße, *mojo rojo*, werden Meersalz, scharfer Paprika oder Chili und Knoblauch im Mörser zerstampft, Essig und Öl hinzugefügt und das Ganze gut verrührt. Der Geschmack ähnelt entfernt dem einer Vinaigrette. Für die grüne Soße, *mojo verde*, verwendet man anstelle von Paprika Koriander oder Petersilie.

Bei Abstechern ins Landesinnere schallt einem bisweilen ein Schußknall entgegen. Die Schützen haben es jedoch nicht auf streunende Hunde oder Katzen abgesehen, sondern auf Wildkaninchen *(conejos salvajes)*. In den Touristenorten kommen freilich überwiegend Hauskaninchen *(conejos mansos)* auf den Teller, die speziell für die Gastronomie gezüchtet werden. Die meistverbreitete Zubereitungsart ist Kaninchen in pikanter Soße *(conejo salmorejo)* mit *papas arrugadas* und *patatas fritas* (Pommes frites) oder *patatas sorpresa* (Überraschungskartoffeln).

Huhn wird auf dem Rost gegrillt, sehr gern aber auch geschmort. Für diese weitere kanarische Spezialität wird das Huhn in Stücke zerlegt, die in scharfer, etwas öliger Soße geschmort und mit *papas* auf den Tisch kommen. Ein anderes typisches Gericht ist *puchero*, ein deftiger Gemüseeintopf mit Kartoffeln und verschiedenen Fleischstücken, unter der Bezeichnung *rancho* mit Nudeln und Kichererbsen.

Die am häufigsten zubereiteten Fischsorten sind der gewichtige Riesenzackenbarsch *(cherne)*, *salema*, *merluza* und *vieja*. Aus entlegenen Meeresgefilden wird auch Seezunge angeboten, die allerdings oft tiefgefroren eingeflogen wird. Wer sich Seezunge gönnen, jedoch Fischmatsch auf dem Teller vermeiden will, sollte für dieses Gericht ein gehobenes Restaurant aufsuchen, denn in einfachen kanarischen Eßlokalen geht die Zubereitung manchmal daneben. Hingegen sind die verschiedenen Meeresfrüchte wahre Delikatessen, deren Eigenschaften schon die Ureinwohner schätzten. Auf den Feinschmecker warten Langusten, Riesengarnelen *(langostinos)*, Krabben *(gambas)*, Krebse *(cangrejos)* und verschiedene Muschelsorten wie Mies- und Entenmuscheln sowie Strand- und Schüsselschnecken *(lapas)*. Mit Kraken *(pulpos)*, allerdings im Kleinformat, zerstückelt als *tapa*, kann man sich ebenso anfreunden wie mit Tintenfisch *(calamar)*, im Ganzen gekocht oder ebenfalls kleingeschnitten, als *tapa*.

Die Bananenplantagen liefern schließlich den Nachtisch, etwa flambierte Bananen, versüßt mit Likör und Honig. Herren greifen vielleicht lieber zu »Damenschenkeln« und lassen sich diese süßen, in Fett gebackenen Kroketten gut schmecken.

Tapas

Tapas sind weder Vorspeise noch Hauptgericht, doch verschiedene Portionen davon können schon ein Hauptgericht ergeben. Auf einen kleinen Teller kommen knusprig gebratene Wurststücke oder Fleischbällchen in Soße, kleine Heringsfilets oder Thunfischsalat in pikanter Würze. Gern gegessen wird auch Kartoffelsalat mit kleingehackten Eiern und frischen Kräutern. Für den Einheimischen sind die *tapas* der erste Imbiß zwischen den Hauptmahlzeiten; außerdem dienen sie ihm als Alibi, um in eine Bar einzukehren und etwas zu trinken.

Käse

Auf Teneriffa stellt man zwar keine bekannten Käsesorten wie auf den Nachbarinseln La Palma und Hierro her. Trotzdem ist der *tinerfeño* ein Käseliebhaber. Als eigene Spezialität gilt der weiße Ziegenkäse, *queso blanco*. Doch die von den Nachbarinseln stammenden Sorten werden auch hier angeboten, etwa der geräucherte Ziegenkäse, der einen exzellenten Geschmack hat.

Weine

War der Wein vor hundert Jahren noch ein wichtiges Exportprodukt Teneriffas, so nimmt sich die Weinerzeugung heute eher bescheiden aus. Doch hat die Qualität durch den Zusammenschluß der kleinen Winzer, die gemeinsam in modernen Installationen produzieren, erheblich zugenommen. Wurde der Wein vor einigen Jahren noch ausschließlich als offener Landwein in den einfachen Gasthäusern verkauft, so vertreiben viele Kellereien ihre Weine nun auf Flaschen abgefüllt und mit Gütesiegel versehen. Teneriffaweine haben wiederholt Preise gewonnen, insbesondere Rotweine aus Tacoronte und Weißweine aus der Zone Icod/ La Guancha. Rotwein wird hauptsächlich um Santa Úrsula, La Victoria, Tacoronte und La Matanza angebaut, Weiß- und

Roséwein kommen vorwiegend aus Icod de los Vinos, Los Realejos und La Guancha. Da die inseleigene Weinproduktion bei weitem nicht ausreicht, um den Bedarf der Hotels und der Restaurants zu decken, wird ansonsten Wein vom europäischen Festland angeboten, vorzugsweise aus Spanien selbst.

Andere Getränke

Nach dem Frühstück, das bei den Einheimischen eher bescheiden ausfällt, sind die Bars bereits gefüllt. Man trinkt einen *cortado*, einen Espresso mit Kondensmilch, oder ein Gläschen Rotwein. Für den Durst reicht Mineralwasser, das auf der Insel selbst, in Vilaflor und im Orotavatal, hergestellt wird. Man trinkt auch gern *coñac* – von Amts wegen *brandy* geheißen –, den es in einer beträchtlichen Auswahl an Marken und Geschmacksrichtungen gibt. Wein wird viel und zu jeder Tageszeit getrunken, und Bier zählt auch als gutes Erfrischungsgetränk. Bei Faßbier müssen Sie allerdings auf die geliebte Schaumkrone verzichten, es sei denn, Sie kehren in einer deutschen Gaststätte ein. Ein beliebtes Erfrischungsgetränk, vor allem in den Abendstunden, ist *sangría*, eine Art Bowle auf Rotweinbasis, jedoch mit mehr und stärkeren alkoholischen Beigaben. Bei Kaffee bestellt man entweder *café solo* (Espresso) oder einen *cortado*, vielleicht auch einen *carajillo* (Espresso mit *coñac*). Wer Filterkaffee trinken will, bestellt *café alemán* (»deutschen Kaffee«).

Gofio

Was für den Nordeuropäer das Mehl, das ist für den Kanarenbewohner *gofio*, allerdings mit höherem Stellenwert als jenes dort. Dieses Grundnahrungsmittel aus geröstetem Gersten-, Weizen- oder Maismehl war eine Errungenschaft der Guanchen und ist auf den Kanaren bis heute überkommen. *Gofio*, »das Brot der Armen«, wie die Eroberer es nannten, findet in der Gastronomie kaum noch Verwendung, sehr wohl jedoch in zahlreichen

Einkehr unter Lorbeerbäumen: Straßenrestaurant in Adeje

Haushalten, insbesondere für die Kinderernährung. Heute wie einst dient *gofio* Landarbeitern und Ziegenhirten als Verpflegung. Für die Zubereitung unterwegs führen sie einen Lederbeutel *(zurrón)* aus Ziegenhaut mit sich. Darin wird der mit Milch oder Wasser versetzte *gofio* gut durchgeknetet. Ist die Prozedur beendet, greift man sich eine mundgerechte Portion heraus, die man dann rollt und zum Mund führt. Für viele ist diese Masse wohlschmeckend, während andere ihr nichts abgewinnen können.

Eßsitten

Im Gegensatz zum Mitteleuropäer nimmt der *tinerfeño* seine Mahlzeiten sehr spät ein. Vor 14 Uhr wird selten zu Mittag gegessen; das Abendbrot nimmt man zwischen 20 und 21 Uhr ein. Essen ist bei den *canarios* ein Ritual. Wenn sich an den Wochenenden in den Dörfern die Lokale mit einheimischen Familien füllen, wird es lebendig. Genüßlich wird gegessen und lautstark palavert, wobei der Tisch sich zusehends mit Knochen bedeckt; den Rest besorgen die Hunde. Empfindliche Sauberkeitsfanatiker mögen darüber die Nase rümpfen. Doch für den *canario* gilt: Es muß von allem reichlich vorhanden sein, damit es schmeckt. In den Restaurants an den Küsten sucht man sich an den nebeneinander aufgereihten Kisten den gewünschten Fisch aus, dessen Preis nach Gewicht bemessen wird; die Beilagen wie Kartoffeln und Salat werden separat berechnet. Mehr Unsitte als Sitte ist in vielen Lokalen auf Teneriffa die obligatorische Brot- und Butterbeilage vor dem Hauptgericht. Diese sogenannte Vorspeise bezahlt man mancherorts mit einem schon unverschämten Preis: Zwischen 50 Pfennig und 1,50 Mark wird manchmal für Brötchen und Butter verlangt und auch dann berechnet, wenn nichts davon verzehrt wurde. Wer nicht bereit ist, dieses zusätzliche »Trinkgeld« zu geben, sollte die Beilage zurückweisen, sobald sie auf den Tisch kommt.

Gaststättenbezeichnungen

In der Regel bedeuten die Gaststättenbezeichnungen auf Teneriffa etwas anderes als in Deutschland. In einem Restaurant erhält man immer vollständige Mahlzeiten, meistens auch ein Menü. Die meisten kanarischen Restaurants tragen die Bezeichnung *Bar/Restaurante* und sind eine Mischung aus Restaurant, Weinstube und Bierbar. Außerhalb der Touristenorte sind viele Lokale nur als *Bar* bezeichnet, doch kann man hier oft auch vollständige Mahlzeiten einnehmen. *Bodegas* sind ausgesprochene Weinlokale, zumeist mit Kellercharakter. In den Dörfern gibt es noch viele Tante-Emma-Läden, *ventas* genannt. Sie sind gleichzeitig Kaufladen und Dorfkneipe, und die Preise erscheinen dem Urlauber mitunter reichlich weltfremd. Im übrigen existiert eine offizielle Einteilung der Restaurants nach Gabeln, doch sagt deren Anzahl nichts über die Qualität der Küche und des Service aus. Eine Auswahl an Restaurantempfehlungen finden Sie in diesem Reiseführer bei den jeweiligen Orten.

Verde
HANDICRAFT
ARTESANIA CANARIA
995
995
795

Schnitzereien und Strelitzien

Auf den großen und den kleinen Märkten kann man Shopping mit allen fünf Sinnen wahrnehmen

Spätestens beim ersten Spaziergang durch die Geschäftsstraßen und nach einigen Blicken auf die Schaufensterauslagen sehen Sie, daß Ihr Urlaubsort auf Teneriffa auch viele Einkaufsmöglichkeiten bietet. Namentlich in den Fußgängerzonen reiht sich Geschäft an Geschäft. Basar ist hier das Reizwort. Diese zumeist von Indern geführten »Einkaufshöhlen« sind vollgestopft mit Waren aus den verschiedensten Ländern. In den Regalen stapeln sich Transistorradios, Kassettenrecorder und Minifernseher aus Fernost. Aus den Schaufenstern glitzern dem Betrachter Ringe, Perlen, Gold- und Silberketten entgegen, und die pompöse »Markenuhr« *made in Hongkong* wird zum Sonderpreis angeboten. Phantasievoller Souvenirramsch und nützlicher bis unbrauchbarer Kleinkram füllen die Wühlkisten neben den Eingängen. Und wer die Kunst des Feilschens beherrscht, kann sich hier mit den Händlern messen und Shopping nach orientalischer Art betreiben. Wer auf gute Qualität und Echtheit Wert legt, geht besser in ein Fachgeschäft, wo manchmal auch deutschsprachiges Personal beim Einkauf berät. Vor allem beim Kauf von Schmuck, Uhren und Fotogeräten kann sich Pfennigfuchserei zum eigenen Schaden auswirken. Daneben existieren viele Spezialgeschäfte mit guten Souvenirartikeln wie Lederwaren aus Spanien oder Afrika, Keramikartikeln, Porzellan und Schnitzarbeiten. Echte Antiquitäten sucht man vergebens, auch wenn so manches Stück den Eindruck erweckt. Angeboten wird, wenn überhaupt, nur Neues, das »auf alt« präpariert ist. Ein echtes Angebot findet dagegen der, der sich für neuzeitliche Kunst interessiert. Ihm bieten die vielen Galerien und Bildergeschäfte eine große Auswahl an Ölbildern, Grafiken und Kunstdrucken. Ein wahres Shopping-Vergnügen bereiten die großen Shopping-Center, oftmals mit mehreren Verkaufsetagen. In den langen Einkaufspassagen, die kreuz und quer wie in einem Irrgar-

Souvenirs für fast jeden Geschmack gibt es in Los Cristianos

ten angeordnet sind, erwartet den Besucher ein unüberschaubares Warenangebot. Luxusboutiquen, Juweliergeschäfte, Modeschmuckläden und Basare sowie Bars, Cafés und Restaurants bestimmen ebenso die Atmosphäre wie Supermärkte, Spielhallen und Maklerbüros. Hier wird befummelt, begrapscht, probiert, bis die ausgefallenste modische Kreation für den Strand oder den Abend gefunden ist. Gleich um die Ecke gibt es die markenlosen und entsprechend preisgünstigen Jeans für Teens und Twens. Das Angebot an Parfüm- und Kosmetikartikeln ist vielseitig und verlockend. Alle bekannten Marken sind in den Geschäften vertreten. Hier kaufen Sie mitunter preiswerter als in den Duty-free-Shops am Flughafen. Besonders günstige Gelegenheiten bieten oft die Schlußverkäufe *(rebajas)*, zumal bei Geschäftsauflösung *(liquidación total)*. Manche Geschäfte haben das ganze Jahr über *rebaja*; dann können Sie mit einiger Sicherheit annehmen, daß der gegebene Rabatt der Abzug vom Aufschlag ist.

Mehr typische und sehr beliebte Mitbringsel sind Handwerkserzeugnisse von den Kanarischen Inseln im allgemeinen und von Teneriffa im besonderen. In mühevoller Kleinarbeit werden zu Hause oder in kleinen Werkstätten Töpferwaren, Schnitzereien und Flechtarbeiten aus Stroh oder Schilfrohr hergestellt. Berühmt sind die kanarischen Stickereien, vor allem die durchbrochenen Arbeiten von Teneriffa. Hierfür wird der Stoff teilweise entfädelt und dann mittels Hohlsaumstichen mit Rosen-, Sonnen-

Hier entsteht eine teneriffische Klöppelarbeit

und anderen Mustern versehen. Die Fertigung dieser Filigranmuster ist auf der Insel zu einer wahren Kunst entwickelt worden, und überall endeckt man andere Muster in den Tischdecken, Untersetzern und Taschentüchern.

Wer Shopping mit allen fünf Sinnen wahrnehmen will, besucht die großen und die kleinen Märkte. Dort werden neben einer bunten Vielfalt von Lebensmitteln auch lebende Tiere marktschreierisch über den Verkaufstisch hinweg gehandelt. Die von der Natur so reich gesegnete Insel versammelt hier für das staunende Auge alles, was auf ihrem Boden an Obst, Gemüse, Blumen und Zierpflanzen gedeiht. Die Düfte orientalischer Gewürze, die muffige Ausdünstung des frischen Seetangs und der typische Fischgeruch ergeben zusammen mit dem Eigengeruch der lebenden Tiere eine Düftesymphonie, die dem schnuppernden Besucher, sofern er aufsteigende Hemmungen überwindet, zu einem wahren Fest für die Nase gereichen wird.

Teppiche aus Blüten

Ob Kirchenfest, ob Karneval –
die Teneriffer verstehen die Feste zu feiern, wie sie fallen

Die nachfolgend genannten Festtage sind Ruhetage, an denen Behörden, Postämter und Banken geschlossen sind. Das gilt nicht immer für die gesamte Insel; viele Feste beschränken sich nur auf einen Ort.

FEIERTAGE UND FESTE

Januar

1. Januar: *Año Nuevo*, Neujahr
6. Januar: *Los Reyes Magos*, Dreikönigsfest, an dem die Kinder beschenkt werden; am Vorabend ziehen die Heiligen Drei Könige durch viele Ortschaften
22. Januar: *Fiesta de San Sebastián*, Fest des heiligen Sebastian, des Schutzheiligen von Garachico und Los Realejos
Anfang Januar–Mitte Februar: ★ *Kanarisches Musikfestival*; klassische Musik in Santa Cruz und La Orotava

Februar

2. Februar: *Candelaria*, Lichtmeß; Patrozinium in Candelaria
Februar/März: ★ *Carnaval*. Buntes Treiben, Umzüge, Tanz und Musik auf Straßen und Plätzen allenthalben auf der Insel. Höhepunkte sind die Wahl der Karnevalskönigin in Santa Cruz und das Begräbnis der Sardine.

März/April

2. März: *Fiesta de San Benito Abad*, Fest des heiligen Benedikt, in La Laguna
März/April: *Semana Santa*, Karwoche. Die Heiligenfiguren aus den Kirchen werden vielerorts in Prozession durch die Straßen getragen. Ganz besonders beeindruckend sind die ★ Karprozessionen in Santa Cruz und La Laguna.
März/April: *Pascua*, Ostern

Mai/Juni

1. Mai: *Día del Trabajo*, Maifeiertag; Beginn der Mai-Feste, Blumenausstellung in Santa Cruz
3. Mai: *Día de la Cruz*, Fest der Kreuzauffindung, Feiertag in allen Orten mit dem Namen *Cruz*. Hier finden kirchliche Kreuzesprozessionen statt. Auf der ganzen Insel sind die Kreuze mit Blumen geschmückt, und es werden Feuerwerke abgebrannt.
Mai/Juni: *Pentecostés*, Pfingsten
Mai/Juni: *Corpus Christi*, Fronleichnam. In allen Inselorten wird das Fest mit feierlichen Prozessionen begangen. Die dafür angelegten ★ Blumenteppiche sind besonders prächtig in La Orotava und La Laguna.
30. Mai: *Día de Canarias*, Kanarentag

Juni/Juli
3. Sonntag nach Pfingsten: ★ *Romería de San Isidro*; in La Orotava ziehen die Feiernden in bunten Trachten durch die Straßen.
1. Julisonntag: *Fiesta y Romería de San Benito Abad*, Benediktusfest und -wallfahrt, in La Laguna
16. Juli: ★ *Fiesta de la Virgen del Carmen y del Gran Poder* in Puerto de la Cruz, Fest der Stadtpatronin mit Schiffsprozession vor der Küste. Die Festlichkeiten, deren Mittelpunkt die Altstadt mit der Plaza del Charco ist, dauern fast den ganzen Juli über.
25. Juli: *Fiesta de Santiago Apóstol*, Fest des heiligen Jakobus, des Schutzpatrons Spaniens

August
15. August: *Asunción de María*, Mariä Himmelfahrt. ★ *Romería de la Virgen de Candelaria*; von allen Inseln kommen viele Pilger zum Fest der Schutzpatronin des Archipels nach Candelaria.
3. Augustsonntag: *Fiesta de Cristo del Gran Poder* in Bajamar

Teneriffische Klänge und Trachten bietet diese Volksmusikgruppe dar

September
7.–21. September: *Fiesta del Santísimo* in La Laguna und Tacoronte

Oktober
5. Oktober: *Fiesta de la Misericordia* in Garachico
12. Oktober: *Día de la Hispanidad* (Tag der Entdeckung Amerikas, Nationalfeiertag), *Fiesta de Nuestra Señora del Pilar*

Dezember
6. Dezember: *Día de la Constitución*, Verfassungstag, Nationalfeiertag
8. Dezember: *Inmaculada Concepción*, Mariä Empfängnis
25. Dezember: *Navidad del Señor*, Weihnachten

MARCO POLO TIPS FÜR VERANSTALTUNGEN

1 Carnaval
Karnevalstreiben bei warmem Frühlingswetter in allen Ortschaften der Insel (Seite 31)

2 Semana Santa
Besonders eindrucksvolle Karprozessionen in Santa Cruz und La Laguna (Seite 31)

3 Corpus Christi
Kunstvolle Blumenteppiche zum Fronleichnamsfest in La Orotava und La Laguna (Seite 31)

4 Romería de San Isidro
Erntedankfest in La Orotava (Seite 33)

5 Fiestas de Julio
Schiffsprozession in Puerto de la Cruz (Seite 33)

6 Romería de la Virgen de Candelaria
Mehrtägiges Marienfest in Candelaria (Seite 33)

7 Kanarisches Musikfestival
Klassik in Santa Cruz und La Orotava (Seite 31)

Ein Paradies auf Erden

In diesem Teil der Insel scheint ewiger Frühling zu herrschen

Fährt man auf der Autobahn in das 5 Kilometer breite Orotavatal hinunter, das Valle de la Orotava, erblickt man eine zum Meer hin abfallende grüne Landschaft. Überall erstrecken sich Bananenplantagen, durchsetzt von Palmen und bunten Blumen sowie den leuchtendweißen Ortschaften. Darüber thront majestätisch, wie ein stiller Wächter, der Teide mit seinem hellen Kegel. Die untere Küstenregion nehmen fast gänzlich die Hotelhochbauten von Puerto de la Cruz ein. Den westlichen Abschluß des Tals bildet die 100 Meter hohe Tigaiga-Steilwand. Ein schroff abfallender Gebirgsrücken zieht sich bis Garachico. Die untere Region ist felsig und karg. Im oberen, fruchtbaren Teil wohnt hauptsächlich ländliche Bevölkerung. Kiefernwälder und Terrassenfelder mit Reben und Kartoffeln

Städtische Meerwasserschwimmbäder in Puerto de la Cruz

Hotel- und Restaurantpreise

Hotels

Kategorie 1: 20 000–25 000 Ptas
Kategorie 2: 13 500–20 000 Ptas
Kategorie 3: unter 13 500 Ptas

Die Preise gelten für zwei Personen im Doppelzimmer mit Frühstück. Manche Hotels haben bis zu vier verschiedene Saisoneinteilungen; entsprechend differieren die Preise.

Restaurants

Kategorie 1: 2000–2500 Ptas
Kategorie 2: 1100–2000 Ptas
Kategorie 3: 950–1100 Ptas

Die Preise gelten für ein Hauptgericht und verstehen sich ohne Getränke.

Wichtige Abkürzungen

Avda.	*Avenida*	Allee
C/.	*Calle*	Straße
Ctra.	*Carretera*	Landstraße
Edf.	*Edificio*	Gebäude
Ptas	*Pesetas*	Peseten
Urb.	*Urbanización*	(Ferien-) Siedlung

prägen die Landschaft am Hang. Hinter Garachico beginnt ein flacher Inselteil, die Isla Baja. Hier werden Bananen und Orangen angebaut. Im Süden begrenzt die Isla Baja das steil aufsteigende Tenogebirge, das sich hinter Buenavista ans Meer heranschiebt. Dahinter dehnt sich die einsame und verlassene kleine Ebene an der Punta de Teno. Fast ohne Übergang erhebt sich aus dem Meer bis auf 1000 Meter Höhe das Tenogebirge, durchzogen von tiefen Schluchten und steilen Abgründen. Hier liegen kleine, ärmliche Bergdörfer, umgeben von einer reichen Pflanzenwelt. Vor allem Lorbeer- und Baumheidewälder wechseln mit verschiedenen Agraranpflanzungen und Palmenhainen.

LA OROTAVA

(**114/C2**) Gut zu Fuß und fit sollte man schon sein, will man die steilen Straßen dieser malerischen alten Stadt (36 000 Einwohner) erklimmen. Über den steilen Abhang des westlichen Orotavatals schlängeln sich kopfsteingepflasterte Straßen. Alte Kirchen, Klöster und Paläste zeugen von dem Reichtum, den das fruchtbare Tal den Kolonisten bescherte. Viele der mit schönen geschnitzten Fensterläden, Balkonen und Erkern verzierten Häuser stammen noch aus dem 17./18. Jahrhundert. Geteilt wird die Stadt vom Barranco Araujo, der sich zwischen den Häusern talwärts zieht. Mittelpunkt ist die Plaza de la Constitución, die auf einer zweistökkigen Plattform über den Barranco Araujo führt und wegen der weiten Aussicht auch als »Balkon« von La Orotava bezeichnet wird. Die Stadt wurde zu Beginn der Kolonialzeit gegründet. Schnell wuchs sie zu einer wichtigen Ansiedlung. Heute ist La Orotava eine vom Touristenrummel weitgehend verschonte, ruhige Geschäfts-, Verwaltungs- und Schulstadt.

BESICHTIGUNGEN

Botanischer Garten
Hinter dem Rathaus liegt dieser kleine Park mit tropischen Pflanzen aus Australien, Malaysia, Südamerika und Indien.

Casas de los Balcones
★ Unter den »Balkonhäusern« in der Calle San Francisco ragt das mit der Nummer 4 besonders hervor, ein Palast aus der Mitte des 17. Jahrhunderts. Er beherbergt heute eine Stickereischule. Hier kann man Handarbeiten und andere Souvenirs erwerben. *C/. San Francisco*

Convento Molina
In dem alten Kloster aus dem Jahr 1590 sind ebenfalls Handarbeiten, Bilder und Souvenirs zum Verkauf ausgebreitet. Auf dem Balkon ist ein Blumenteppich ausgelegt, und es bietet sich ein schöner Blick über das Tal. *C/. San Francisco*

Gofiomühle
In dieser alten Mühle wird auch heute noch *gofio* gemahlen. In dem einen Raum wird das Gerstenkorn geröstet und nebenan gemahlen. An den Wänden hängen Bilder aus vorelektrischer Zeit, als durch die Mühlenstraße noch offen ein Bach floß und die

Frauen darin ihre Wäsche wuschen. Ein Stück die steile Straße hinauf stehen noch die Reste zweier stillgelegter Mühlen. *C/. Dr. Domingo González*

Kirche Nuestra Señora de la Concepción

★ Die schönste Barockkirche der Insel (18. Jahrhundert). Eine große, freitragende Kuppel mit aufgesetzter kleiner Kuppel läßt das Mittelschiff sehr hoch erscheinen. Auf den Seitenaltären stehen die Statuen der Schmerzensmutter Maria und des heiligen Johannes von Luján Pérez. Der marmorne Hauptaltar und die Kanzel sind Arbeiten italienischer Künstler. *Plaza Casañas*

Liceo de Taoro

In diesem Schloß finden kulturelle Veranstaltungen statt, die ein Kulturverein organisiert. *Plaza de la Constitución*

Museo Ibero-americano

Im ehemaligen Dominikanerkloster Santo Domingo neben der gleichnamigen Kirche ist eine reichhaltige Sammlung von Kunst und Handwerkskunst aus Lateinamerika zusammengetragen worden. Die ausgestellten Stücke stammen aus mehreren Jahrhunderten. In den Kellergewölben werden kanarische Trachten gezeigt. *Plaza Santo Domingo, Mo–Fr 9.30–18, Sa 9.30 bis 13 Uhr, Eintritt 250 Ptas*

MARCO POLO TIPS FÜR DIE NORDWESTKÜSTE

1. **Aguamansa**
Beliebtes Wandergebiet in den Kiefernwäldern auf 1000 Meter Höhe ü. d. M. (Seite 45)

2. **Casas de los Balcones**
In einem der typisch kanarischen Balkonhäuser in der Calle San Francisco von La Orotava ist eine Stickereischule untergebracht (Seite 36)

3. **Playa Jardín**
Der neue Gartenstrand von Puerto de la Cruz, Werk des genialen Architekten César Manrique (Seite 44)

4. **Drachenbaum**
Inselwahrzeichen in Icod de los Vinos (Seite 47)

5. **Kirche Nuestra Señora de la Concepción**
Ein besuchenswertes Gotteshaus in La Orotava (Seite 37)

6. **Las Arenas Negras**
Gebiet oberhalb von Garachico, das sich für Wanderungen zur jüngsten Vulkanzone der Insel anbietet (Seite 47)

7. **Loro Parque**
Zoo und Show in Puerto de la Cruz (Seite 41)

8. **Masca**
Weltabgeschiedenes Dorf in der tiefen Tenoschlucht (Seite 48)

9. **Punta de Teno**
Einsame Küstenregion mit Leuchtturm (Seite 48)

RESTAURANTS/CAFÉ

El Engazo
Lokal in einem historischen Haus mit bäuerlicher Dekoration; Spezialität sind Kaninchen. *Tgl. außer Di 13–16 und 19–24 Uhr, Ortsteil La Luz, hinter dem Keramikmuseum, Kategorie 3*

Café Humboldtblick
Deutsches Café mit hausgemachtem Kuchen, aber auch anderen Gerichten. Herrlicher Blick. *Tgl. außer Mo 11–19 Uhr, C/. Humboldt, Kategorie 3*

Las Caseosas
Kanarische Spezialitäten in einem alten Herrenhaus mit hübschem *patio. Tgl. 10–24 Uhr, La Carrera, 21, unterhalb der Casas de Los Balcones, Kategorie 2*

EINKAUFEN

In La Orotava kauft man am günstigsten die »durchbrochenen« Stickereien, die *calados*, sowie von Hand geflochtene Körbe aller Arten und Größen, ferner Schnitzereien.

Artesanía Balcón Canario
Gutsortiertes Souvenirgeschäft mit sehr viel handgearbeiteter Ware. *C/. Viera, 23, 25*

Casa de los Balcones
Hier gibt es Tischdecken, Sets, Blusen und so weiter, mit Stickereien von Hand verziert. *C/. San Francisco, 4*

Convento Molino
Ähnliches Angebot wie in der Casa de los Balcones, erweitert durch eine Bildergalerie. *C/. San Francisco, 5*

Centro Comercial
Am Busbahnhof steht das mehrstöckige Gebäude mit verschiedenen kleinen Läden, wo man alles für den täglichen Bedarf findet. *Avda. Benítez de Lugo*

HOTEL

Victoria
Seit der Eröffnung dieses Etablissements in einem alten, modernisierten Herrenhaus verfügt La Orotava jetzt auch über ein gemütliches Hotel. *12 Zi., C/. Hermano Apolinar, 8, Tel. 33 16 83, Fax 32 05 19, Kategorie 3*

AUSKUNFT

Fremdenverkehrsbüro CIT
Tgl. 10–13 und 16–19 Uhr, C/. Carrera, 1, Tel. 33 00 50, Fax 33 39 11

PUERTO DE LA CRUZ

(**114/B-C1-2**) Nach gut einer Stunde Fahrt gelangt man vom Südflughafen in den größten Urlaubsort im Norden mit seinen 27 000 Einwohnern. Vorbei am Botanischen Garten wird erst der ruhige und vornehme Ortsteil La Paz durchquert. Hier flanieren die Touristen und bevölkern die Gartencafés. Eine 50 Meter hohe Klippenwand trennt von dem darunter liegenden Stadtkern. Dort unten braust der Atlantik vor der Silhouette grauer Hochhäuser, die in den sechziger Jahren, als der Urlauberstrom einsetzte, eilig hochgezogen wurden. Von hier führt eine Promenade am Meer entlang, vorbei an den Meerwasserschwimmbädern, über die Plattform von San Telmo bis zum noch gut erhaltenen Altstadtkern. In Puerto de la Cruz, einst als Hafen von La Orotava angelegt, wo die landwirtschaftlichen Produkte des Tals verschifft wurden, ließen sich schon früh englische und portugiesische Händler nieder. Mit ihrem Wohlstand entstanden großzügige Prachtbauten, und eine kulturelle Szene entwickelte sich. Heute sind in den alten Handelshäusern Hotels, Restaurants und Geschäfte untergebracht. Das Herz der Altstadt ist die vor einiger Zeit umgestaltete Plaza del Charco mit ihren uralten, schattigen Bäumen. Man trifft sich in dem gemütlichen Terrassencafé, wo zu jeder Tageszeit reges Treiben herrscht. Während des Karnevals und der örtlichen *fiestas* ist hier der Mittelpunkt. Nebenan, am Hafen, verkaufen die Fischer ihren bescheidenen Fang. Die Ware kommt frisch vom Boot auf den Tresen. Im Winterhalbjahr rollen hohe Atlantikwellen an die flache schwarze Lavafelsenküste. In den Meerwasserschwimmbädern kann jedoch bei jedem Seegang unbeschwert gebadet werden. Playa Jardín, der neue Gartenstrand mit feinem schwarzem Sand im Ortsteil Punta Brava, verfügt über schöne Grünanlagen. Ganz zentral liegt der sanierte Sandstrand Playa Martiánez.

BESICHTIGUNGEN UND MUSEEN

Altes Zollhaus

Schon 1620 wurde dieses typische Haus vom Gründer des Hafens, Don Juan de Franchi, erbaut. Nach der Zerstörung des Hafens von Garachico zog hier das königliche Finanzamt mit der Zollbehörde ein. Heute befindet sich das Haus im Besitz der Inselverwaltung, die darin ein Museum einzurichten gedenkt. *C/. Lonjas*

Archäologisches Museum

Die Sammlungen geben Aufschluß über die bewegte Inselgeschichte. *In der Altstadt-Fußgängerzone, C/. del Lomo, 9 A, Di–Sa 9–13 und 17–21, So 9–13 Uhr*

Bananera El Guanche

Muster-Bananenplantage mit Souvenirverkauf. *An der Hauptstraße zur Autobahn, Gratisbus alle 20 Min., tgl. 9.30–17.45 Uhr, Eintritt 850 Ptas*

Botanischer Garten

Durch Experimente mit Baumwolle und Tabak, die sich in dem milden Klima der Insel kultivieren ließen, entstand unter der Regierung König Karls III. im Jahr 1778 die Idee eines botanischen Gartens. Hier sollten tropische Pflanzen aus aller Welt für den Weitertransport nach Europa akklimatisiert werden. Der Hauptförderer war der Marqués de Villanueva del Prado, der einen Hügel bei El Durazno abtragen ließ und 1795 mit den Anpflanzungen begann. Das Klima erwies sich als ideal, und noch heute existieren Prachtexemplare, die zu jener Zeit gepflanzt oder gesät wurden. *Ctra. del Botánico, La Paz, tgl. 9–18 Uhr, Eintritt 100 Ptas*

Casa Iriarte

Das Geburtshaus von Tomás de Iriarte beherbergt ein Schifffahrtsmuseum; im 1. Stock verkleinerte Schiffsnachbildungen. Im Erdgeschoß werden kanarische Stickereien angeboten. *Ecke*

C/. San Juan / C/. Iriarte, tgl. außer So und feiertags 9–19 Uhr, Eintritt 200 Ptas

Castillo de San Felipe
Die Anfang des 17. Jahrhunderts erbaute Festung steht direkt am Meer, am westlichen Stadtrand. Heute finden hier kulturelle Veranstaltungen statt. *Paseo Luis Lavaggi*

Fischerhafen
Um das Jahr 1800 existierten mehrere Häfen: zwei größere für die Handelsschiffahrt und mehrere kleine Fischerhäfen. Westlich der Festung San Felipe befand sich der größte Hafen, der Puerto Viejo. Damals erweiterte sich der Barranco San Felipe zu einer Hafenbucht. Durch ein Unwetter 1826 wurde der Hafen zugeschwemmt. Heute besteht nur noch der Hafen La Caleta, der aus zwei Molen besteht und nur noch von wenigen Fischerbooten genutzt wird. In östlicher Richtung erstreckt sich eine 500 Meter lange Schutzmole, an der sich die Wellen brechen; von hier aus genießt man einen schönen Blick über die Altstadt und auf das Bergpanorama.

Hotel Marquesa
Das Gebäude gehörte früher der irischen Familie Cologan, die hier ein Handelshaus hatte. Kapitän Cook und Alexander von Humboldt waren hier zu Gast. 1820 wurde das Haus in ein Hotel umgebaut. *C/. Quintana, 11*

Kapelle San Amaro
Die Adelsfamilie Candia aus La Orotava verehrte San Amaro als ihren Schutzheiligen und ließ ihm zu Ehren 1596 eine kleine Kapelle an der Klippe über Puerto de la Cruz bauen. Später erwarb der Ire Walsh-Valois das Gelände und nannte es aufgrund seiner Sehnsucht nach Frieden La Paz. Gegenüber der Kapelle befindet sich eine Aussichtsplattform, von der aus man die darunter liegende Stadt überblickt. Rechts führen Stufen zu einer Promenade mit Aussichtscafé. *Am Ende des Camino San Amaro*

Kapelle San Telmo
Die Kapelle wurde 1780 von Seefahrern gegründet, zu Ehren ihres Schutzpatrons San Pedro González Telmo. Auf dem Platz um die Kapelle herum befand sich früher die gleichnamige Festungsanlage, zu der das Wachhäuschen und die Holzpalisaden gehörten, die heute noch zu sehen sind. *C/. San Telmo*

Keramikmuseum
In einem Feudalanwesen aus dem 16. Jahrhundert sind Keramikstücke aus ganz Spanien zusammengetragen; angegliedert sind eine Töpferwerkstatt und eine Verkaufsstelle. *Ortsteil La Candia, tgl. 10–16.45 Uhr, Bus stündlich, Eintritt 350 Ptas*

Kirche Nuestra Señora de la Peña de Francia
In den Jahren 1684–1697 erbaute man das heutige Gotteshaus. Der barocke Turm wurde 1898 hinzugefügt. Künstlerisch wertvoll sind die von de la Cruz y Ríos bemalte Kanzel und die Altarfiguren von Estévez und Luján Pérez. Parkähnlich ist der Kirchplatz gestaltet, mit Blumenbeeten und Schwanen-Springbrunnen unter den Palmen.

Die Attraktion: der Loro Parque

FREIZEITPARKS

Gratisbusse zu den verschiedenen Freizeitparks fahren gegenüber dem ehemaligen Café Columbus an der Avenida Colón ab.

Lago de Martiánez
Große Meerwasser-Schwimmbadanlage mit Inseln und Wasserläufen. *Avda. Colón, Eintritt 335, Kinder 170 Ptas*

Loro Parque
★ Der Loro Parque ist die bedeutendste touristische Attraktion der Insel, mit der größten Papageiensammlung der Welt, mit Delphin-, Seelöwen- und Papageienshow. Neu sind ein 18 Meter langer gläserner Haifischtunnel, ein thailändisches Dorf, eine Fledermausgrotte und ein Gorillafreigehege. Hungrige Parkgäste können wählen zwischen Picknickzone, Café-Restaurant und Self-Service-Restaurants. An die Stelle der früheren Busverbindung ist eine Bimmelbahn getreten, Haltestelle gegenüber dem ehemaligen Café Columbus. *Im Ortsteil Punta Brava, tgl. 8.30–17 Uhr, Eintritt 2500, Kinder 1250 Ptas, Sonderpreise für Gruppen*

Risco Bello
Schon beim Betreten dieses Parks überkommt den Besucher ein Gefühl von Ruhe und Muße. Sein Blick schweift über eine großzügige Rasenlandschaft, die mit kanarischen Bäumen, Sträuchern und Blumen bepflanzt ist. Mitten im Park lädt ein Café zum Verweilen ein. *Neben dem Casino Taoro, tgl. 11–21 Uhr*

Taoropark
Die grüne Lunge der Stadt zieht sich in Terrassen den Berg hinauf. Schattige Ruhebänke unter alten Bäumen laden zur Rast. Spazierwege führen an einem Wasserfall entlang. Ein Aussichtsplateau bietet einen Traumblick auf Stadt und Küste.

RESTAURANTS

La Bodeguita
Das urige Lokal bietet Wein vom Faß, Schinken und *tapas. Tgl. durchgehend, Plaza de Europa, gegenüber dem Rathaus, Kategorie 3*

La Boheme
Restaurant der gehobenen Klasse unter deutscher Leitung, elegant-gediegen eingerichtet. Kulinarische Spezialitäten. *Tgl., nahe der Plaza del Charco, C/. Blanco, 5, 1. Stock, Tel. 37 05 64, Kategorie 1*

Mi vaca y yo
Spezialitätenrestaurant in der Altstadt mit typisch kanarischem Interieur. *Tgl. außer Mo 12–15 und 19–24 Uhr, C/. Cruz Verde, 3, Kategorie 2*

Régulo
Das in einem typisch kanarischen Haus in der Altstadt eingerichtete Restaurant bietet mit seinen gemütlichen kleinen Räumen einen gepflegten Rahmen. Außer dem Angebot der kanarischen Küche gibt es Spezialitäten aus den spanischen Provinzen. *C/. San Felipe, tgl. 12 bis 15 und 18–23 Uhr, Kategorie 2*

Taoro
Von hier aus hat man die schönste Aussicht von ganz Puerto de la Cruz. Das Lokal bietet die traditionelle kanarische Küche. Zum täglichen Angebot gehören frischer Fisch und Kaninchen. *Tgl. durchgehend, im Taoropark, direkt unterhalb des Casino Taoro, Kategorie 2*

EINKAUFEN

Arte Ponsjoan
Ölbilder mit Motiven der Insel im Selbstverkauf der Künstlerin. *C/. Quintana*

Galerie Colombe
Grafiken, Lithographien, Radierungen, Ölbilder, Ausstellungen. *Canary Center, Ortsteil La Paz*

Karinias Seidenmalerei
Aus echter Seide entstehen im Atelier handbemalte Bilder, Tücher, Kleider, Blusen und andere tragbare Mode. *Sa/So 10–13 Uhr, Ortsteil La Paz, C/. Aceviño, 45*

Kunsthandwerk-Kiosk
Echte kanarische Handarbeiten direkt neben der Hafenmole

Martiánez Center
Das moderne Shopping-Center, das sich über drei Stockwerke erstreckt, verlockt gleichermaßen zum Einkaufen wie zum gemächlichen Bummeln. Es gibt viele schicke Läden und Boutiquen, die ein umfangreiches Angebot bereithalten. Die Anlage umfaßt außerdem einen großen Supermarkt, Bars, Cafés und einen kleinen Vergnügungspark für Kinder; auch eine Tiefgarage ist vorhanden. *Tgl. 10–21 Uhr, unterhalb des Hotels San Felipe an der Palmenallee*

Mercado San Felipe
In dieser modernen Markthalle befindet sich der Obst-, Fleisch-, Fisch- und Gemüsemarkt. Die einzelnen Geschäfte verteilen sich über drei Stockwerke. *Tgl. 9–13 und 16–19 Uhr, Avda. Blas Pérez Gonzales, an der Westgrenze*

Shopping Center Columbus
Die im kanarischen Stil errichtete Anlage liegt unmittelbar an der Plaza del Charco. Neben einer Reihe attraktiver Läden gibt es mehrere Restaurants. *Tgl. 9 bis 20 Uhr*

Visanta
Basar für elektronische Neuheiten. *Avda. General Franco*

HOTELS

Viele der Hotelbauten stammen aus den sechziger Jahren, als der Touristenboom langsam einsetzte. Sie konzentrieren sich überwiegend im Ortskern. Danach konnte man nur noch außerhalb des Orts bauen, zum Beispiel im neuen Ortsteil La Paz. Diese neueren Hotelanlagen haben den Vorteil, daß sie in einer ruhigen und landschaftlich schönen Gegend liegen, aber den Nachteil, daß sie weit von Zentrum und Stränden entfernt sind. Alle haben Pool und Pendelbusse, die mit dem Zentrum verbinden.

Botánico
Fünf-Sterne-Luxushotel mit herrlicher Gartenanlage, Suiten mit Privatpool sowie allen weiteren Annehmlichkeiten, die der Kategorie entsprechen. *282 Zi., gegenüber dem Botanischen Garten, Tel. 38 14 00, Fax 38 15 04, Kategorie 1*

Don Manolito
Das Hotel liegt am Rand des Altstadtkerns, 5 Gehminuten von der Punta Brava entfernt. Das Haus wird familiär geführt, und die Atmosphäre ist zwanglos und freundlich. Alle 49 Zimmer sind zweckmäßig eingerichtet und mit Balkon ausgestattet. Außerdem: Pool, Sonnenterrasse, Bar, Aufenthaltsraum mit Fernseher. *C/. Dr. Madan, Tel. 38 50 12, Fax 37 08 77, Kategorie 3*

Los Geranios
Saubere Pension, Doppelzimmer 2500 Ptas. *C/. del Lomo, 14, Tel. 38 28 10, Kategorie 3*

Hotel/Apartamentos Maritim
Hotel und Apartments liegen hinter dem Ortsteil Punta Brava direkt am Meer und in einer äußerst ruhigen Lage. Die Hotelräume sind großzügig konzipiert und bequem ausgestattet. Das Hotel verfügt über zwei große Pools in weiter Gartenanlage mit mehreren Sonnenterrassen. Ein abwechslungsreiches Animationsprogramm und Diskothek im Haus bieten gute Unterhaltung. Hoteleigene Busse. *451 Zi., Burgado, Los Realejos, Tel. 34 20 12, Fax 34 21 09, Kategorie 1*

Prinsotel La Chiripa Garden
Der Ferienkomplex liegt in einem ruhigen Stadtteil am Rand des Taoroparks, eingebettet in einen 30 000 Quadratmeter großen, gepflegten Palmengarten, in dem sich zwei Pools mit mehreren Sonnenterrassen sowie zwei Pool-Bars und einem Café-Restaurant befinden. Eine große Hotelbar, mehrere Aufenthaltsräume mit deutschem Fernsehprogramm und ein breitgefächertes Unterhaltungsangebot lassen keine Langeweile aufkommen. Außerdem gibt es ein Gesundheits- und Fitneßcenter unter Leitung eines deutschen Arztes. Die Atmosphäre ist lokker und ausnehmend freundlich. Hotelbusse. *362 Zi., Urb. San Fernando, Tel. 38 20 50, Fax 38 08 93, Kategorie 1*

Tigaiga
Unter schweizerischer Leitung stehendes Hotel der gehobenen Klasse mit persönlicher Atmosphäre, in bevorzugter Lage im Taoropark. *77 Zi., Tel. 38 32 51, Fax 38 40 55, Kategorie 2*

SPIEL UND SPORT

Angeln
Die besten Angelplätze liegen an der Mole am alten Fischerhafen und am Ende der Playa Martiánez.

Baden
Lago de Martiánez
Diese architektonisch gelungene Meerwasserschwimmanlage besitzt mehrere Becken, die mit Wasserläufen verbunden sind, dazu großflächige Liegeterrassen

mit vielen Pflanzen drumherum. Restaurants und Bars sorgen für Abwechslung und für das leibliche Wohl.

Playa Jardín

★ Der neue Gartenstrand von Puerto de la Cruz liegt im Ortsteil Punta Brava unterhalb des Loro Parque. Weitläufiger Sandstrand mit großzügigen Gartenanlagen, Terrassencafé, Restaurant und allen Serviceeinrichtungen.

Playa Martiánez

Dieser Strand liegt unweit des Stadtzentrums. Er ist erst vor kurzem saniert worden. Wellenbrecher unter der Wasseroberfläche ermöglichen das Baden auch bei bewegter See.

Gesundheit und Fitneß

La Chiripa, Kurabteilung, Sauna, Sportstudio, *Urb. San Fernando; Casablanca-Gym, Urb. El Tope; Bahamas-Gym, Avda. General Franco*

Planwagenfahrten

Cañadas-Treck: im Planwagen, von Pferden gezogen, durch Teneriffas Wälder. *Einschließlich Verpflegung 3750 Ptas, Tel. 908/10 99 71*

Squash

Squashcenter im Edificio Belitope. *La Paz*

Tauchen

Tauchschule Atlantik im Hotel Maritim. *Tel./Fax 36 28 01*

Tennis

Die meisten Hotels verfügen über gute Tennisplätze, viele mit Flutlicht. Außerdem gibt es das *Tenniscenter Miramar (Urb. Valparaiso, Los Realejos).*

Wandern

Man wandert entweder auf eigene Faust auf den markierten Wanderwegen oder mit Hilfe eines der Wanderbücher, die in einschlägigen Geschäften angeboten werden. Geführte Wanderungen mit Gregorio, Buchung im *Hotel Tigaiga, Tel. 38 32 51*, oder mit der *Alpinschule Innsbruck*, Buchung im *Hotel Bonanza, Tel. 38 11 00* (»Martin« verlangen!).

AM ABEND

Abaco

Hier, in einem noblen alten Herrenhaus, kann man Drinks bei klassischer Musik genießen. Sa Konzerte. *Tgl. ab 20 Uhr, El Durazno, oberhalb des Botanischen Gartens*

Nachtklub Andromeda / Isla de Lago

Exklusiver Nachtklub im Areal des Lago de Martiánez. Über der Tanzfläche aus Edelstahl wölbt sich eine Kuppel, die geöffnet werden kann und den Sternenhimmel freigibt. Internationale Tanzshows und Folkloreveranstaltungen. *Tgl. 21.30–3 Uhr, Avda. Colón, Eintritt 3850 Ptas, mit Dinner 6000 Ptas*

Caballo Blanco / Weißes Rößl

Eine einheimische Vier-Mann-Kapelle spielt gute Musik zum Tanz. Das deutsch geführte Stimmungslokal ist im ländlichen Stil eingerichtet. An zwei Bars kann man Kontakte knüpfen. Zivile Preise. *Tgl. 21 bis 3 Uhr, Promenade San Telmo, Eingangspassage Hotel San Telmo*

Café de Paris

Terrassencafé und Bistro mit internationaler Atmosphäre direkt an der Promenade. Man sieht und wird gesehen. *Tgl. ab 10 Uhr bis in die Nacht, Avda. Colón*

Casino Taoro
Roulett, Blackjack im Taoropark. *Tgl. ab 21 Uhr, Ctra. Taoro, Eintritt 500 Ptas, Ausweis*

Hannen-Faß
Bierstube mit Grillgerichten. Insider-Treff mit Blick auf die *plaza. Tgl. ab 10 Uhr bis in die Nacht, Plaza del Charco*

Rincón del Puerto
Kanarischer *patio* mit verschiedenen Restaurants; es gibt *tapas,* Landwein, Fischspezialitäten, ab 20 Uhr Live-Musik. *Tgl. ab 10 Uhr, an der Plaza del Charco (Altstadt)*

Bar Tejas Verde
Kanarische Solisten spielen Stimmungsmusik zum Mitklatschen und Mitsingen. Hier erfährt man hautnah einheimische Geselligkeit. *Tgl. 21–1 Uhr, C/. Puerto Viejo, 28*

Discoteca Victoria
Im Hotel Tenerife Playa gegenüber den Meerwasserschwimmbädern. Sehr gepflegte Atmosphäre, von Publikum mittleren Alters frequentiert. *Tgl. bis 4 Uhr*

AUSKUNFT

Oficina de Turismo
Plaza de Europa, beim Rathaus, Tel. 38 60 00, Fax 37 02 43

TUI Service Ultramar Express
C/. Garoe, La Paz, Tel. 38 17 50, 38 18 50

ZIELE IN DER UMGEBUNG

Aguamansa **(115/D 3)**
★ An der Wolkengrenze, kurz bevor die Straße in den dichten Kiefernwald eintaucht, liegt eine Forellenzucht auf der rechten Seite der Straße, die besichtigt werden kann. Hier befindet sich auch die Informationsstelle der Forstverwaltung. Wanderwege führen zu dem Ausflugsziel La Caldera, einem kleinen Krater, an dem Grillplätze eingerichtet worden sind.

Buenavista del Norte **(112/B 2)**
Am Ende der Isla Baja liegt dieses ansehnliche Dorf (5000 Einwohner) inmitten von Bananenplantagen unterhalb des Tenogebirges. Auf der von Lorbeerbäumen beschatteten *plaza* mit Pavillon treffen sich die Ortsbewohner zum Plausch und zum Spiel. Typische Häuser stehen entlang den Straßen. Die aus dem 16. Jahrhundert stammende Kirche Nuestra Señora de los Remedios ist 1996 durch Brand zerstört worden; mit dem Wiederaufbau soll in Kürze begonnen werden. Die Straße hinter der *plaza* führt zu einem kleinen Geröllstrand mit Fischerbooten. Einen Kilometer weiter westlich gelangt man zum *Mirador de Don Pompejo.* Hinter einem Felsentor öffnet sich eine Aussichtsplattform; in der Ferne kann man leicht die Nachbarinsel La Palma ausmachen, und die Nordküste ist bis Puerto de la Cruz überschaubar. Zu empfehlen ist das Restaurant *La Cancela,* ein einfaches Dorflokal mit einheimischer Küche, in dem man einen guten heimischen Land-

wein kredenzt bekommt (*tgl. 12 bis 22 Uhr, Ctra. El Rincón, 1, Kategorie 3*).

Garachico (113/D 2)

Malerisch unterhalb steiler Abhänge auf einem ins Meer ragenden Lavarondell liegt dieses Städtchen (5900 Einwohner) mit dem Ambiente eines ruhigen Badeorts. Davor ragt ein kleiner Felsberg aus dem Meer, der Roque de Garachico. Die Küste ist flach und wird von rauhem Lavageröll gebildet. Am Ufer entlang führt eine hübsche Promenade. Am westlichen Ende liegt zwischen den Riffs das Meerwasserschwimmbekken. Das Denkmal eines Lebensretters, der im Frühjahr 1987, als bei einem Seebeben meterhohe Wellen anrollten, ums Leben kam, steht neben dem Castillo San Miguel. Das aus dem 16. Jahrhundert stammende Festungsgebäude mit Wappen der Grafen von Gomera und Adeje über dem trutzigen Portal ist eines der wenigen Gebäude, die die Katastrophe von 1706 überstanden. Damals flossen Lavaströme des Vulkans Bermeka 40 Tage lang auf die reichen Paläste der blühenden Hafenstadt herunter, von der aus ein Großteil des teneriffischen Weins verschifft worden war. Hafen und Ort wurden fast vollständig zerstört. Von der Pfarrkirche Santa Ana blieb lediglich der Turm unbeschädigt. Im Inneren der heutigen Kirche (18. Jahrhundert) ist der Barockaltar mit den Figuren der heiligen Anna und des heiligen Joachim von Luján Pérez sehenswert. Auf der *plaza* vor der Kirche steht ein Denkmal zu Ehren Simón Bolívars, des »Befreiers Südamerikas«. Hinter der *plaza* steht der Palast der Grafen von Gomera und Adeje (17. Jahrhundert), Nachfahren von Cristóbal de Ponte, der den Hafen um 1500 gründete. Ebenfalls dem zerstörenden Vulkanausbruch entgangen ist das einstige Franziskanerkloster (Convento de San Francisco), das heute als Casa de Cultura dient; wer Gelegenheit hat, hier eine kulturelle Veranstaltung zu besuchen, kann einen Blick in das ansehnliche Innere und den schönen Kreuzgang werfen. Zu empfehlen sind das Minihotel *San Roque* in einem alten Herrenhaus *(12 Zi., C/. Esteban de Ponte, 33, Tel. 13 34 35, Kategorie 3)* und das Restaurant *Isla Baja*, bekannt für frischen Fisch und Meeresfrüchte *(C/. Esteban de Ponte, 5, Kategorie 3)*. Auskunft gibt es im Ayuntamiento *(tgl. 9–13 Uhr, Plaza de la Libertad, 1, Tel. 83 00 00, Fax 83 13 01)*.

La Guancha (113/F 2)

Von Realejo Alto aus führt eine schöne Aussichtsstraße die Tigaiga-Steilwand hinauf zu dem einfachen ländlichen Ort Icod El Alto. Durch Kiefernwälder mit frischem Aroma gelangt man dann weiter nach La Guancha (5000 Einwohner). Das unterhalb des 896 Meter hohen Topete gelegene Städtchen war ehedem berühmt für seine Keramikerzeugnisse; die handwerkliche Tradition führt heute die Schule für Kunsthandwerk fort, die hier eingerichtet wurde. Sauber verputzte, mit Blumen geschmückte Neubauten säumen die Ortsdurchgangsstraße. Auch hier lebt man von der Landwirtschaft. In dem von der Gemeinde errichteten *casino* trifft sich die Jugend jeden Sonntagnachmittag zum Tanz; im Sommer finden hier Handwerksausstellungen statt. Im Hang oberhalb befinden sich zahlreiche Wassergalerien.

Icod de los Vinos (113/D–E 2–3)
Ungefähr 25 Kilometer westlich von Puerto de la Cruz liegt das 1501 gegründete Icod de los Vinos (18 000 Einwohner), in dessen Umgebung, wie der Namenszusatz verrät, hervorragende Weine gedeihen. Das Stadtzentrum wird von modernen Häuserblöcken geprägt. Nur im Westteil ist der alte Kern, der sich um die hübsche kleine Kirche herum gruppiert, erhalten geblieben. Von den Touristen besucht wird die Stadt wegen des uralten ★ *Drachenbaums.* Um das eindrucksvolle Exemplar – Stammumfang ungefähr 6 Meter, Höhe mehr als 16 Meter – zu schützen, hat man die nach Santiago del Teide führende Straße verlegt; sie verläuft jetzt durch einen Tunnel unter der Altstadt. Die Zone um den Baum wird derzeit umgestaltet. Unmittelbar beim Drachenbaum befindet sich das *Mariposario del Drago,* ein Schmetterlingspark mit Hunderten farbenprächtiger exotischer Falter *(tgl. 10–19.30 Uhr, Eintritt 500 Ptas).* Etwas erhöht dahinter liegt der pflanzenreiche Parque de Lorenzo Cáceres mit der Gemeindekirche San Marcos aus dem 16. Jahrhundert. Die fünfschiffige Kirche birgt ein kostbares silbergeschmiedetes Kreuz aus Mexiko, das zu den besten Filigran-Silberarbeiten der Welt zählt. Es kann vormittags besichtigt werden. In den zwei Pavillons daneben vergnügt sich illustres Volk. Verschiedene Palmenarten, Jakaranda- und Lorbeerbäume spenden Schatten an diesem Ort der Ruhe. Vom Park aus führt die Treppe bergaufwärts zur Plaza de la Constitución, die eingerahmt wird von typisch verzierten Häusern.

Durch Bananenplantagen fährt man hinunter zu der breiten Felsenbucht mit dem schwarzen Sandstrand der *Playa de San Marcos.* Hier kann man im Meer schwimmen, ohne von zu starker Brandung behindert zu werden. Eine stuckverzierte Kapelle steht fast unscheinbar dazwischen. Die ganze Felsenlandschaft ist zerklüftet von Höhlen, die bis zu 40 Meter tief sind.

Im Ortsteil El Amparo befindet sich die längste Höhle der Kanarischen Inseln, die *Cueva del Viento.* Bisher wurden in ihrem Inneren 14 870 Meter vermessen. Für Besucher ist die Höhle bis jetzt noch nicht freigegeben; es ist aber geplant, ein Forschungsinstitut einzurichten und die ersten 250 Meter begehbar zu machen.

Oberhalb von La Montañeta liegt das Ausflugsgebiet ★ *Las Arenas Negras* mit Grillplätzen. Es ist Ausgangspunkt für Wanderungen zum jüngsten Vulkan der Insel, zum Chinyero.

An Lokalen sind in Icod zu empfehlen die Cafetería *Brisamar (Ecke Avda. Marítima / C/. San Marcos, Kategorie 3)* und das Restaurant *Caney (Los Moriscos, Kategorie 3).* Auskunft erteilt man im Ayuntamiento *(tgl. 9–14 Uhr, Plaza Luis de León Huerta, Tel. 81 07 58, Fax 81 06 69).*

Der schwarze Sandstrand der Playa de San Marcos bei Icod de los Vinos

Masca **(112/B–C 4)**
★ Tief in einem breiten Talkessel des Tenogebirges liegt das kleine Bergdorf mit nur wenigen Häusern und Gehöften. Heute verbindet eine Asphaltstraße den Ort mit der Außenwelt, und Touristenbusse fahren ihn an. Mittelpunkt des Ortes bildet eine kleine Kirche mit der von Palmen gesäumten *plaza* davor. Im Ortsteil Lomo de Masca werden in einem kleinen Museum Zeugnisse der Vergangenheit aufbewahrt, die zeigen, wie einfach, aber einfallsreich die Bewohner an diesem früher nur über Eselspfade zugänglichen Ort lebten.

Mirador Garachico **(113/D 2–3)**
Von diesem Aussichtspunkt an der Straße von Icod de los Vinos nach Santiago del Teide blickt man auf das darunter liegende Garachico.

Mirador Humboldt **(114/C 1)**
An der alten Landstraße zwischen La Orotava und Santa Úrsula liegt dieser nach Alexander von Humboldt benannte Aussichtspunkt. Hier soll der Naturforscher sich begeistert über das Orotavatal mit dem darüber aufragenden Teide geäußert haben. Der Ausspruch ist auf einer Steintafel in spanischer Sprache zu lesen. Tatsächlich ist von hier aus ein herrlicher Blick zu genießen; allerdings ist die Natur nicht mehr so unberührt wie zu Humboldts Zeiten.

Punta de Teno **(112/A 3)**
★ Die einsame, flache Küstenregion mit einem Leuchtturm erreicht man durch zwei Tunnel von Buenavista aus. Mehrere stille Buchten liegen in der zerklüfteten, weithin unterhöhlten Küste. Wenn Wellen einlaufen, entweicht die komprimierte Luft in gewaltigen Fontänen aus den Felsspalten. Am Leuchtturm liegen Fischerboote, und von dem kleinen dunklen Sandstrand aus kann man im Meer schwimmen.

Los Realejos **(114/B 2)**
Zwei Ortsteile, die sich über den abfallenden Hang des westlichen Orotavatals verteilen, bilden gemeinsam die Ortschaft Los Realejos (30 000 Einwohner): Realejo Alto und Realejo Bajo. Realejo Alto (das »obere Rea-

lejo«) besitzt zum Teil noch gut erhaltene altkanarische Häuser und die älteste Kirche Teneriffas, Santiago Apóstol. Hier sollen die ersten Guanchen getauft worden sein. Der gotische Kirchturm ist mit orientalisch anmutenden bunten Schindeln gedeckt. Innen ziert ein Gemälde aus flämischer Schule den Altar. Gleich hinter dem Rathaus führt eine schmale Straße zum Friedhof, an dessen Eingang ein schöner Drachenbaum steht.

Realejo Bajo (das »untere Realejo«) ist ein moderner Ort mit neuen Wohnkomplexen und hübschen Cafés. Der Strand El Socorro ist der einzige »richtige« Badestrand von Los Realejos. Hier herrscht das ganze Jahr über eine kräftige Brandung, die insbesondere die Surfer reizt. Wegen der starken Strömung sollten sich nur wirklich gute Schwimmer weiter ins Meer hinauswagen. Kleine Fischrestaurants und Parkmöglichkeiten sind vorhanden. Zu erreichen ist der Strand über die nördliche Küstenstraße in Richtung Icod de los Vinos. Die Abfahrt ist ausgeschildert.

Die Küstenzone wird von den Feriensiedlungen Romántica I, Romántica II, La Longuera mit Geschäftsstraße und El Toscal eingenommen. Im Ortsteil La Montañeta ragt ein Vulkanaschehügel auf, gekrönt von einer kleinen weißen Kapelle, ein beliebtes Ausflugsziel der einheimischen Bevölkerung. Hier steht an der Straße nach La Luz ein Kleinod kanarischer Baukunst, ein altes Kloster mit wunderschönem Innenhof. Der mit viel Liebe zum Detail und großem finanziellem Aufwand restaurierte Bau ist heute ein beliebtes Restaurant, das sich folgerichtig *El Monasterio* nennt. Die Speiseräume im Kellergewölbe und der reichsortierte Weinkeller sind Sehenswürdigkeiten. Das Speisenangebot, vorwiegend Fleischgerichte, ist reichhaltig und gemessen an dem, was geboten wird, recht preiswert *(ab 10 Uhr durchgehend geöffnet, Kategorie 2)*. Zu empfehlen ist auch das Restaurant *Villa Nueva*, das in gepflegter und gemütlicher Atmosphäre mit kanarischen und internationalen Spezialitäten aufwartet (*tgl. außer Mi 12–15 und 18–23 Uhr, San Vicente, Kategorie 1*). Und ein Hotel sei genannt: *Tierra de Oro*, ein »Reformhotel« unter deutscher Leitung, 80 Betten, mit Arztpraxis und vegetarischem Restaurant, ruhig am Ortsrand gelegen; es werden Kuren angeboten (*Tel. 34 10 00, Hotelbusse, Kategorie 2*).

Los Silos **(112/C 2)**

Der hübsche Ort (5400 Einwohner) liegt auf der Isla Baja. An der *plaza* mit Pavillon steht die kleine neoklassizistische Kirche Nuestra Señora de la Luz (20. Jahrhundert). Sie enthält ein Bildnis des Cristo de la Misericordia (17. Jahrhundert) von Juan de Mesa aus Sevilla. Zu der 2 Kilometer entfernten Küste biegt man hinter der Tankstelle am Ortsende ab. Hier gelangt man zu modernen Siedlungen mit einem Meerwasserschwimmbecken. Durch Bananenplantagen führt eine schmale Straße die schwarze Lavaküste entlang zu dem Fischerörtchen La Caleta, wo man an einem kleinen schwarzen Sandstrand im Meer baden kann.

Klippen und Klüfte

Wer wandern und schöne Aussichten bewundern will, ist hier in seinem Element

Von Santa Úrsula bis Tacoronte bildet ein durchschnittlich 200 Meter hoher Klippenrand die Küste. Die Landschaft steigt dann, von tiefen *barrancos* durchfurcht, bis zum »Inselrückgrat«, der Cumbre Dorsal, an. Terrassenfelder und Ortschaften verteilen sich über den Hang. Die Cumbre Dorsal flacht von 2000 Meter Höhe, von den Cañadas ausgehend, bis auf 600 Meter Höhe ab und geht in die Ebene von La Laguna über. Der Nebel von Wolken, die ungehindert über das Flachland ziehen, sorgt für einen oft bedeckten Himmel über La Laguna. Nördlich fällt die Ebene in den Tälern Valle de Guerra und Valle de Tejina flach zum Meer hin ab. Gen Süden öffnet sich die 5 Kilometer breite Einbuchtung von Santa Cruz de Tenerife mit dem Hafen davor, wo große Frachter ihre Ladung löschen. In dieser geschützten Bucht herrscht ein recht heißes Klima vor. Spitz gezackt bilden hinter dem Häusermeer die grauen Berge des Anagagebirges einen bizarren Rahmen. Das bis zu 1000 Meter hohe Gebirge, in den oberen Lagen von dichten Lorbeerwäldern begrünt, nimmt mit seinen zum Teil unzugänglichen Tälern den gesamten äußersten Nordosten der Insel ein.

Über Hecken von Feigenkakteen schweift der Blick zu der grandiosen Felsbarriere der Nordostküste

BAJAMAR

(110/A 2) Dieser ruhige Ferienort wird hauptsächlich von deutschen Urlaubern bevorzugt. So stößt man denn auch überall auf deutsche Schilder und Namen. Bajamar erstreckt sich zwischen dem Anagagebirge und dem Meer. Die Häuser des Ortes ziehen sich an beiden Seiten eines Tales hinauf. An der Küste hat man eine Promenade gebaut, die zum Meerwasserschwimmbad führt; nebenan liegt ein kleiner schwarzer Sandstrand. Wanderer sind von hier aus schnell im Anagagebirge, dessen steile Felsen gleich oberhalb aufragen.

HOTELS

Delfín
Im Zentrum gelegene Hotelanlage direkt am Meer; Video, Disko-Bar, Süßwasserschwimmbad in den Gärten und Tennisplatz. *66 Zi., Avda. del Sol, 39, Tel. 54 02 00, Fax 54 02 00, Kategorie 1*

MARCO POLO TIPS FÜR DIE NORDOSTKÜSTE

1 **Anagagebirge**
Ein beliebtes Wander- und Ausflugsgebiet, das zu den einsamsten und schönsten Landschaften der Insel zählt (Seite 58)

2 **Cumbre Dorsal**
Von der Gratstraße genießt man hinreißende Ausblicke (Seite 58)

3 **Kirche Nuestra Señora de la Concepción**
In La Laguna steht diese Kirche mit Mudéjarturm und bedeutenden Kunstwerken im Inneren (Seite 53)

4 **Flohmarkt in Santa Cruz**
Eine Fundgrube für Ramsch- und Trödelliebhaber (Seite 57)

5 **Casa del Vino**
Weinmuseum mit Probierstube und Spezialitätenrestaurant in Sauzal (Seite 60)

6 **Playa de las Teresitas**
Der längste und schönste helle Sandstrand der Insel erstreckt sich bei San Andrés; die Sahara steuerte dazu von ihrem Überfluß bei (Seite 54)

Océano
Unter deutscher Leitung stehendes Hotel mit herrlicher Gartenanlage, Gesundheitszentrum (verschiedene Ernährungsprogramme); 100 Apartments mit Meerblick. *Punta del Hidalgo, Tel. 54 11 12, Kategorie 2*

AUSKUNFT

Ayuntamiento
Tgl. 9–14 Uhr, La Plaza, Tel. 54 11 20

LA LAGUNA

(**110/A-B 3-4**) Für den nördlichen Inselteil ist die vollkommen flache Lage der 110 000 Einwohner zählenden Stadt ungewöhnlich. Die engen, wie auf einem Schachbrett verlaufenden Straßen säumen noch viele alte Häuser und Paläste aus der Zeit, als La Laguna, 1497 von Alonso Fernández de Lugo gegründet, Inselhauptstadt war. An der schattigen Plaza del Adelantado steht das neoklassizistische Rathaus. Alte Kapellen, Kirchen, Klöster und die Kathedrale bergen wertvolle Kunstschätze. Hier hat auch der Bischof der Diözese Teneriffa seinen Sitz. Die Universität verfügt wie jene in Las Palmas über fast alle Fakultäten; antike und moderne Universitätsgebäude sind rund um den Stadtkern angesiedelt.

BESICHTIGUNGEN

Kathedrale
Als La Laguna 1818 Bischofssitz wurde, begann man sofort, die Pfarrkirche Los Remedios zur Kathedrale umzubauen. Sehenswert sind die Kanzel, die Seitenaltäre mit Statuen von Luján

Pérez und die Silberschmiedearbeiten. Hinter dem Hauptaltar ist das Grab des Stadtgründers Alonso Fernández de Lugo. *C/. Obispo Rey Redondo*

Kirche Nuestra Señora de la Concepción

★ Der Turm des aus dem 16. Jahrhundert stammenden Gotteshauses ist ganz im Mudéjarstil gebaut. Das Kircheninnere wirkt durch das viele Holz recht düster. Erst auf den zweiten Blick erkennt man die Kunstwerke, etwa die Kanzel und die Statuen von Estévez. *C/. Obispo Rey Redondo*

Museo de la Ciencia y del Cosmos

Das im Mai 1993 eröffnete Museum hat das Weltall zum Thema. Sonnensystem, Erde und Mensch werden zueinander in Beziehung gesetzt. Den Besucher erwartet eine Vielfalt spannender Experimente. *Vía Láctea, s/n, tgl. außer Mo 10–20 Uhr, Eintritt 200 Ptas*

RESTAURANT

La Gotera

Restaurant mit typisch kanarischen Gerichten. *Tgl. 13–16 und 20 bis 0.20 Uhr, San Agustín, Kategorie 2*

HOTEL

Nivaria

Neues Haus im Zentrum. *60 Zi., Plaza del Adelantado, 11, Tel. 26 42 98, Fax 25 96 34, Kategorie 2*

AUSKUNFT

Ayuntamiento

C/. Obispo Rey Redondo, 1, Tel. 60 11 00, Fax 60 11 02

LA MATANZA DE ACENTEJO

(**109/D-E 4**) La Matanza heißt »das Gemetzel«. Gemeint ist jenes vom 31. Mai 1494, als hier die Spanier in ihrer ersten großen Schlacht gegen die Guanchen vernichtend geschlagen wurden. Zwei Hügel sind das Wahrzeichen des 5000-Seelen-Dorfes, das sich von der Küste bis an den Bosque de la Esperanza genannten Wald hinauf erstreckt und für seine erstklassigen Weine bekannt ist. Ganz unten am Meer stehen auf Felsen die Häuser von El Caletón; dazwischen liegt ein kleiner, dunkler Sandstrand. Darüber, am Klippenrand, kleben die Apartmenthäuser und Bungalows von El Puntillo del Sol, einer weitläufigen Wohnsiedlung. Der ursprüngliche Ort ist oberhalb der Autobahn. Entlang der alten Landstraße genießt man von den Restaurants und Bars aus einen schönen Ausblick über die Nordwestküste.

MUSEUM

Museo Cooperativa AYT-M-Maheh

Hier, im früheren Rathaus, werden die typisch kanarischen Kampfsportarten dokumentiert, etwa Stockspiel, Steineheben und die noch heute populäre *lucha canaria* (Ringkampf). *C/. Real, tgl. außer Mo 9.30–13 und 15.30–18 Uhr, Eintritt 200 Ptas, mit Vorführung 400 Ptas*

RESTAURANTS

Casa Juan

Geräucherte Lachse, Aale und Makrelen sind die Spezialität

dieses guteingerichteten Familienbetriebs. *Di–Sa 12.30–16 und 18.30–22.30 Uhr, Camino de Acentejo, 29, Kategorie 2*

San Diego
In einem ehemaligen Pferdestall ist ein urgemütliches Restaurant entstanden. Gehobene kanarische Küche. *Tgl. 13–16 und 19 bis 24 Uhr, C/. General del Norte, Kategorie 3*

AUSKUNFT

Ayuntamiento
Ctra. General, Tel. 57 71 97, Fax 57 78 71

PUNTA DEL HIDALGO

(**110/A–B1**) Der ruhige Ferienort besitzt noch den Kern eines typischen Fischerdorfes. Um den Ort touristisch zugänglich zu machen, wurde unterhalb der Steilwände des Anagagebirges eine Küstenstraße in den Fels gesprengt. Die Hotels, die auf der flachen Landzunge direkt an der felsigen Küste stehen, besitzen Meerwasserschwimmbekken. Die flachen Riffs bieten sich zum Angeln an. Einen Kilometer hinter dem Ort endet die Straße in einem Rondell. Von hier aus genießt man einen schönen Blick über die unzugängliche Nordküste mit dem doppelgipfligen Bergmassiv Dos Hermanos. Punta del Hidalgo ist Ausgangspunkt für Wanderungen ins Anagagebirge.

RESTAURANT/CAFÉ

La Caseta
Spezialitäten sind frischer Fisch und kanarische Gerichte. *Tgl. 11–23 Uhr, Avda. Marítima, Kategorie 3*

Café Melita
Deutsches Café mit prächtigem Panoramablick, große Auswahl an Kuchen und Gebäck. *Ctra. La Punta, tgl. ab 10 Uhr*

AUSKUNFT

Ayuntamiento
Tgl. 9–14 Uhr, La Plaza, Tel. 54 11 20

SAN ANDRÉS

(**111/D3**) Sehenswert ist dieser malerische Ort mit seinen *plazas*, den Fischrestaurants am Meer und den weißen Häusern, die wie ein indianisches Pueblo an den steilen Bergrücken gebaut sind. Am Ortsausgang liegen die Trümmer eines Wachtturms, ein Überbleibsel aus der Zeit der Piratenangriffe auf die Insel. Ein Stück weiter glitzert in der Sonne gelber Saharasand, den man in den siebziger Jahren per Schiff hierher verfrachtet hat, um den Freizeitwert des Strandes zu heben. Dies ist die ★ *Playa de las Teresitas*. Immergrüne Palmen spenden Schatten, und ein Damm schützt die Badenden vor dem Seegang. Fast zwei Kilometer ist der Strand lang. Gleich darüber erhebt sich das steile Klippenszenario des Anagagebirges, an dem sich eine aufregende Straße zum Aussichtspunkt Punta de los Órganos hinaufwindet. Von dort ist die Küste bis Candelaria überschaubar. Die schwarzen Strände Playa de Burro und Playa Las Gaviotas (FKK-Strand) liegen östlich darunter.

RESTAURANT

La Langostera
Fisch und Schaltiere, gemütliche Atmosphäre. *Tgl. außer Mo 12–23 Uhr, Avda. El Dique, 14*

AUSKUNFT

Oficina de Turismo
Cabildo, tgl. 9–13 und 16–19 Uhr, Plaza de España, Tel. 60 55 00, Fax 60 57 81

SANTA CRUZ DE TENERIFE

(**110/B-C4**) Die schönen Seiten dieser typischen, 200 000 Einwohner zählenden Groß- und Hafenstadt entdeckt man erst auf den zweiten Blick. Historische Plätze und Gebäude, Parks und Prachtalleen sind hier genauso zu finden wie futuristische Hochhäuser von Banken und Verwaltungen. Die Hauptstadt der Region und der Insel ist Hafenstadt, Handelsmetropole und Warenumschlagplatz. Die Geschichte der Stadt begann vor 500 Jahren. Am 3. Mai 1492 landeten die spanischen Eroberer am Strand von Añaza, dem heutigen Santa Cruz. Hier bauten sie ihre erste Festung und begannen die Insel zu erobern. Nachdem der Hafen von Garachico zerstört war, wurde der Hafen von Santa Cruz zum bedeutendsten Umschlagplatz. In der Folgezeit fanden immer wieder Piratenangriffe statt, so daß der Hafen befestigt werden und ein Militärgouverneur die Verteidigung in die Hand nehmen mußte. Am 25. Juli 1797, ein Jahr nachdem der Hafen als einziger ermächtigt worden war, Handel mit Amerika zu treiben, griff der englische Admiral Nelson an. Er wollte zwei Galeonen entern, die mit Silber aus Mexiko beladen waren. In der Schlacht verlor der Admiral seinen rechten Arm. 1822 wurde Santa Cruz zur Hauptstadt des Archipels.

Von der Sahara hierher verfrachtet wurde der gelbe Sand der Playa de las Teresitas bei San Andrés

BESICHTIGUNGEN

Hafen

Schiffe aus allen europäischen Ländern, aus Mittel- und Südamerika, Afrika und Asien laufen den Hafen an. Tanker kommen wegen der Ölraffinerie, die westlich der Stadt ihren Standort hat. Der Jet-foil und die Fähre nach Gran Canaria legen mehrmals täglich an.

Kirche Nuestra Señora de la Concepción

Sie ist die älteste Kirche der Stadt; ihr Grundstein wurde 1502 noch von den Eroberern gelegt. 1652 fiel sie einem Brand zum Opfer und wurde im 17./18. Jahrhundert restauriert. Das Innere des fünfschiffigen Gotteshauses ist in üppigem Barock gehalten. Bemerkenswert sind die Figuren der »Dolorosa« von Luján Pérez und der »Concepción« von Estévez am Hochaltar aus Jaspis, ebenso das geschnitzte Chorgestühl. Das Kreuz, das die Eroberer am Strand aufpflanzten, und eine gotische Marienstatue, die sie mitbrachten, sind hier ebenso aufbewahrt wie die Fahnen, die Admiral Nelson zurücklassen mußte. Die Kirche ist nach Restaurierung jetzt wieder geöffnet. *C/. Domínguez Alfonso, am Barranco de Santos*

Parque Municipal García Sanabria

Der Park ist benannt nach einem beliebten Bürgermeister der Stadt, der ihn in den Jahren 1925–1930 anlegen ließ. Unter den Bäumen und Sträuchern der Inselvegetation stehen Skulpturen bedeutender Söhne der Stadt und von bekannten Künstlern. *C/. Méndez Núñez*

Plaza de la Candelaria

Das 1778 von dem italienischen Bildhauer Antonio Canova aus Carraramarmor geschaffene Denkmal der Schutzpatronin mit Guanchenführern zu ihren Füßen ziert diesen Platz. Hier beginnt die Fußgängerzone.

Plaza de España

Auf der zum Meer hin offenen Plaza steht das Kreuz-Denkmal Monumento de los Caídos; auf ihr Schwert gestützte Soldaten stehen davor. Es erinnert an die Gefallenen der Insel im Spanischen Bürgerkrieg.

Plaza de Weyler

Die Mitte des viereckigen Platzes ziert ein schöner Marmorbrunnen. Die sternförmig auf ihn zulaufenden Wege zwischen den Blumenbeeten sind mit Ornamenten gepflastert. Im Hintergrund steht das neoklassizistische Gebäude der Capitanía General, das Ende des 19. Jahrhunderts von General Valeriano Weyler erbaut wurde.

MUSEEN

Museo Arqueológico

Funde aus Guanchenhöhlen sind im Archäologischen Museum zusammengetragen: Werkzeug, Geschirr, Waffen und Mumien. *C/. Fuente Morales, Mo–Sa 10–18, So 10–14 Uhr, Eintritt 200 Ptas*

Museo Municipal de Bellas Artes

Neben der umfangreichen Bildergalerie sind auch Waffen und Münzen aus vergangenen Jahrhunderten zu sehen. Die Bibliothek befindet sich einen Stock darüber. *C/. José Murphy, 4, tgl. 13–19 Uhr, Eintritt frei*

RESTAURANTS/CAFÉ

El Águila
Beliebter Treffpunkt mit schöner Terrasse. Es gibt allerlei kleine Gerichte, aber auch *paella*, außerdem Kuchen und Eisbecher. *Tgl. 10–24 Uhr, am Ende der C/. San José, Kategorie 2*

Café del Príncipe
Umfangreiche Kuchentheke; auch kleine Gerichte kann man hier im Gartencafé essen. *Tgl. 9 bis 24 Uhr, Plaza del Príncipe, Kategorie 2*

Viva México
Der Name läßt es schon erkennen: Hier gibt es mexikanische Spezialitäten. *Di–So 13–16.30 und 20–1 Uhr, Parque La Granja, Avda. Madrid, Kategorie 2*

EINKAUFEN

Calle del Castillo
Diese Fußgängerzone ist die Haupteinkaufsstraße auf Teneriffa.

Flohmarkt
★ ☺ Jeden Sonntagvormittag findet rund um den Mercado de Nuestra Señora de África von 9 bis 14 Uhr ein Flohmarkt statt. Neben Ramsch kann man auch Wertvolles erhandeln.

Mercado de Nuestra Señora de África
☺ In dem orientalisch gestalteten Marktgebäude werden frisches Obst, Gemüse, Fisch und Fleisch gehandelt; dabei geht es noch recht volkstümlich zu. Daneben ist eine Zeltstraße von fliegenden Händlern aufgebaut, die vom Souvenir bis zum Nachttopf alles verkaufen. Hier ist Handeln Ehrensache *C/. San Sebastián*

HOTELS

In Santa Cruz gibt es keine ausgesprochenen Touristenhotels; hierher kommen hauptsächlich Geschäftsleute.

Atlántico
Neues Haus im Zentrum, aber ohne Verkehrslärm, da in der Fußgängerzone gelegen. *60 Zi., C/. del Castillo, Tel. 24 63 75, Fax 24 63 78, Kategorie 2*

Mencey
Erstes Hotel am Ort. Das stilvoll eingerichtete Haus besitzt einen großen Swimmingpool inmitten eines schönen Gartens. Auch König Juan Carlos und Königin Sofía pflegen bei ihren Teneriffa-Besuchen hier zu wohnen. *286 Zi., C/. Dr. José Neveiras, 38, Tel. 27 67 00, Fax 28 00 17, Kategorie 1*

AM ABEND

A Bordo
Café-Restaurant mit Atmosphäre. *Avda. Anaga*

Discoteca KU
Nobeldisko mit Weltstadtniveau. *Parque La Granja*

Metro
Bierkneipe im deutschen Stil. *Rambla Pulido, 89*

Olé
Bar-Pub. *Rambla General Franco*

Vips
Bar-Pub. *Rambla General Franco*

AUSKUNFT

Oficina de Turismo
Cabildo, tgl. 9–13 und 16–19 Uhr, Plaza de España, Tel. 60 55 00, Fax 60 57 81

ZIELE IN DER UMGEBUNG

Anagagebirge (110–111/A–E 2)
★ Der gesamte nordöstliche Inselteil besteht aus einem zerklüfteten, von Tälern und Schluchten durchzogenen, wildgezackten Gebirge. Alle drei Küstenseiten fallen steil zum Meer hin ab. Die höchste Erhebung, der *Tabornó,* ist 1024 Meter hoch. Das Gebirge zählt zu den einsamsten und schönsten Landschaften der Insel. Die unteren Hänge sind dicht mit Lorbeerbäumen, dem Bosque de las Mercedes, bewachsen. Ab etwa 800 Meter geht der Wald in Baumheide und Ginsterbüsche über. Moose und Flechten bewuchern die kahlen Basaltfelsen, die schroff in den Himmel ragen.

Von La Laguna aus gelangt man in Richtung Las Mercedes in das Gebirge. Erster Aussichtspunkt ist der *Mirador de Jardina* in einer Straßenkehre über Las Mercedes. Ein paar Kilometer weiter steht das Gasthaus *Cruz del Carmen* in einer Waldlichtung mit Wallfahrtskapelle. Etwa einen Kilometer weiter zweigt rechts die Straße zum *Pico del Inglés* ab. Von der Spitze des Berges genießt man einen umfassenden Rundblick über das Gebirge bis hinüber zum Teide und bei guter Sicht bis nach Gran Canaria. Die Strecke führt nun oben auf dem Kamm entlang und bietet immer wieder Ausblicke in die Täler und auf die beiden Küsten links und rechts. An einer Straßengabelung kann man geradeaus weiterfahren zum Ausflugsrestaurant *El Bailadero* und von da aus weiter zum äußersten »Inselzipfel«, nach Chamorga. Von Chamorga aus geht's nur noch zu Fuß weiter bis an die Küste mit dem verlassenen Leuchtturm und einem kleinen Sandstrand. An der erwähnten Straßengabelung kann man aber auch gleich durch einen Tunnel nach Taganana an die Nordküste hinunterfahren. Die weißen Häuser Tagananas verteilen sich über verschiedene Bergrücken. Die Straßen sind mit Kopfstein gepflastert, und in den *bodegas* erhält man einen vorzüglichen Wein. Wenige Kilometer weiter, am Strand *Los Roques,* herrscht schon reges Touristengeschäft in den Fischrestaurants, die hier an den Fels geklebt scheinen. Ungefähr einen Kilometer weiter liegt das Dorf Almáciga mit kleinem Sandstrand. Wieder zurück durch den Tunnel, führt die Strecke durch ein wildromantisches Tal nach San Andrés hinunter.

Cumbre Dorsal (114–115/B–F 1–4)
★ Auf der schmalen Gebirgskette, die die Insel in der Mitte teilt, führt eine gut ausgebaute Aussichtsstraße entlang. Sie steigt von etwa 600 Meter bis auf 2300 Meter ü. d. M. an, wo sie in den Cañadas-Krater mündet. Bei La Laguna wird die Autobahn in Richtung La Esperanza verlassen. Bald säumen gelb und weiß blühende Ginsterbüsche den Straßenrand. Dann ist auch schon La Esperanza erreicht. Hier werden

Schafe und Schweine gezüchtet. Von jetzt an verläuft die Straße im Schatten von Eukalyptusbäumen und kanarischen Kiefern, die ein herrlich frisches Aroma erzeugen. Auf der linken Seite taucht nach etwa vier Kilometern ein kleines Restaurant mit Picknickplatz auf. Der Ort heißt *Las Raíces.* Der erste Halt, um die Aussicht zu genießen, bietet sich bei *Montaña Grande.* Auf die Städte Santa Cruz de Tenerife und La Laguna mit dem Nordflughafen sieht man wie im Vogelflug hinunter. Nächster Aussichtspunkt ist der *Mirador Ortuño.* Ein großartiger Blick über die Nordlandschaft eröffnet sich. Ein Stück weiter zweigt rechts eine Straße zum *Mirador de las Cumbres* ab. Nach 200 Metern sieht man die Südhälfte der Insel zu Füßen liegen, und in der Ferne taucht Gran Canaria aus dem Wolkenmeer. Nach weiteren 700 Metern blickt man über die Nordküste und sieht La Palma im Dunst auftauchen. Die Vegetation wird nun immer spärlicher, links und rechts der Fahrbahn blickt man über dichte Kiefernwälder hinweg. In einer S-Kurve, die durch eine Schlucht verläuft, kann man den bunten Gesteinsaufbau eines Vulkans studieren. Wie weiße Raketen ragen die Gebäude der astrophysikalischen Observatorien Izaña über der Straße empor. Nun ist bald El Portillo und damit der Cañadas-Krater erreicht.

Radazul **(110/B 5)**

Dieser Ort, der sich inzwischen oberhalb und unterhalb der Autobahn erstreckt, hat sich erst in den letzten Jahren zu einem kleinen Ferienort entwickelt. Es entstanden Wohnblocks, Apartments und teure Villen, die von Ausländern, größtenteils aber von reichen Einheimischen bewohnt werden. Im Yachthafen *Club de Mar Radazul* werden die teuersten Yachten aufgetakelt. Der Hafen liegt geschützt am Fuß einer 100 Meter hohen Steilküste; etwa 100 Boote können dort festmachen. Die Liegeplätze sind hauptsächlich von einheimischen Dauerliegern belegt, dementsprechend sind wenig Liegeplätze für Gastlieger vorhanden. Die Ansteuerung ist problemlos. Man kann Radazul auch nachts anlaufen. Die Hafenmole hebt sich von der Steilküste mit den Hochhäusern deutlich ab.

Tabaiba **(110/A 5)**

Etwa acht Kilometer hinter Santa Cruz, in Richtung Süden, verteilt sich dieser Ort links und rechts der Autobahn. Kleine mittelständische Industriebetriebe liegen zum Meer hin, und im oberen Teil stehen Ferienwohnungen, die freilich überwiegend von Einheimischen bewohnt sind.

SANTA ÚRSULA

(109/D 5) Dieser eher schlichte Ort (8500 Einwohner) besitzt eine Kirche mit schönem Deckengemälde und eine von Palmen beschattete *plaza.* Handwerksbetriebe und Bars säumen die Ortsdurchgangsstraße. An der Autobahnausfahrt La Quinta steht eine alte hölzerne Weinpresse. Für die Auffahrt zum Aussichtspunkt *Vista Paraíso* auf 260 Meter hoher Klippe benutzt man die Autobahnausfahrt La Orotava. Über die Autobahnbrücke gelangt man in die Villengegend.

RESTAURANTS

Los Corales

Gepflegte Fisch- und Meeresfrüchte-Küche, dazu Aussicht und Panoramablick. *Tgl. 13–16 und 19–24 Uhr, Cuesta de la Villa, 60, Kategorie 2*

Vista Paraíso

Aussichtscafé, Terrasse halsbrecherisch über dem Abgrund thronend. Bekannt für seine hausgemachten Kuchen und Torten; Imbisse für den kleinen Hunger. *Tgl. außer So 10–19 Uhr*

AUSKUNFT

Ayuntamiento

Plaza General Franco, 13, Tel. 30 00 25, Fax 30 16 40

EL SAUZAL

(**109/E 4**) Die schönste Anfahrt zu dem auf 300 Meter hohem Klippenrand gelegenen Ort (6200 Einwohner) führt durch das Valle de los Ángeles. Dabei verläßt man die Autobahn bei La Matanza de Acentejo und fährt rechts hinunter, vorbei an den Siedlungen El Puntillo del Sol und Los Naranjeros. Wagemutige können von hier aus über eine schmale, steile Küstenstraße zu dem kleinen Hafen von El Sauzal, Puertito de Sauzal, hinunterfahren. Über das Valle de los Ángeles erreicht man den Ort El Sauzal mit seiner maurisch anmutenden Kuppelkirche. Gleich bei der Autobahnabfahrt unterhalb des großen Felsens liegt das Weinmuseum ★ *Casa del Vino (tgl. 11–20 Uhr, Eintritt frei),* eingerichtet in einem alten Herrenhaus aus dem 16. Jahrhundert. Es beherbergt außerdem eine Probierstube, ein Restaurant und ein Terrassencafé mit atemberaubendem Blick auf die Nordküste.

BESICHTIGUNG

Las Tosquillas

Botanischer Garten mit ungezählten Luftnelken, 50 Palmenarten aus aller Welt und exotischen Vögeln. *Tgl. 9–17 Uhr, C/. San Nicolás, 105, Eintritt 700 Ptas*

RESTAURANT

San Nicolás

Fischrestaurant mit großem Angebot an frischem Fisch. *Tgl. außer Di 12–24 Uhr, Ctra. General de Sauzal, Kategorie 3*

AUSKUNFT

Ayuntamiento

C/. de la Constitución, 3, Tel. 57 00 00, Fax 57 09 73

TACORONTE

(**109/E 3–4**) Das geschäftige Marktstädtchen (17 000 Einwohner) liegt in einer der fruchtbarsten Gegenden der Insel. An derselben Straße, in der Ortsmitte, steht die Kirche San Agustín (17. Jahrhundert) mit dem auf der Insel sehr verehrten Standbild des gemarterten Christus (Cristo de los Dolores). Schräg gegenüber ist ein eindrucksvoller Drachenbaum zu sehen. Etwas versteckt im unteren Ortsteil befindet sich die Kirche Santa Catalina mit schönem Turm im Mudéjarstil (17.–18. Jahrhundert). Im Inneren sind eine schöne geschnitzte Deckentäfelung, eine »Inmaculada« von Luján Pérez, ein Bild der »Ánimas« von Quintana und ein mit reichem Silberschmuck aus Mexiko verkleideter Hochaltar zu bewundern. Den Platz vor der Kirche säumen indische Lorbeerbäume. Etwa zwei Kilometer hinter dem Ort, in Richtung Valle de Guerra, biegt links die Straße zu den Stränden Mesa del Mar und El Prix ab, zu denen man über steile Serpentinen hinunterfährt.

RESTAURANT

El Campo
Das Lokal und die Speisekarte sind von typisch kanarischem Zuschnitt. *Tgl. 13–24 Uhr, Ctra. General, 350, Los Naranjeros, Kategorie 3*

AUSKUNFT

Policía Municipal
Plaza del Cristo, Tel. 56 13 50, Fax 56 25 90

VALLE DE GUERRA

(**109/F 2–3**) Das fruchtbare Tal, das dem Ort den Namen gegeben hat, ist seinerseits nach einem Kriegshelden benannt, der nach der Eroberung durch Alonso Fernández de Lugo das Gebiet von diesem als Lohn erhielt. Bananen und Strelitzienfelder sind hier angelegt; dazwischen prangt die Verpackungshalle von Ten-Flor. Kurz vor dem Ort, etwas über dem Tal, steht das Haus, das die Adelsfamilie Guerra in der ersten Hälfte des 18. Jahrhunderts baute und das später an die Familie de la Carta verkauft wurde. Heute ist hier ein Heimatmuseum untergebracht, das *Museo Casa de la Carta.*

MUSEUM

Museo Etnográfico
Bei der Führung durch die Räumlichkeiten erfährt man einiges über Brauchtum und Leben in der Kolonialzeit. *Tgl. außer Fr 10–13 und 16–18 Uhr, Eintritt 200 Ptas*

AUSKUNFT

Ayuntamiento
La Laguna, C/. Obispo Rey Redondo, 1, Tel. 26 10 11

LA VICTORIA DE ACENTEJO

(**109/D 5**) Dieser einfache Ort (7100 Einwohner), wo Handwerker, Landwirte und Weinbauern leben, besitzt eine Kirche mit einem kunstvollen Silberaltar aus Mexiko und einer geschnitzten Holzdecke im Mudéjarstil.

RESTAURANT

Los Garrafones
Hier werden die typisch kanarischen Gerichte nach alten Rezepten zubereitet. *Tgl. 12–16 und 19–22 Uhr, C/. Laureles, 2, Kategorie 3*

AUSKUNFT

Ayuntamiento
Plaza Rodríguez Lara, Tel. 58 00 31, Fax 58 01 76

Geschützte Teide-Landschaft

Vor mehr als 300 000 Jahren entstand diese phantastische Vulkankulisse

Von Puerto de la Cruz kommend, durchfährt man La Orotava und erreicht kurze Zeit später Aguamansa. Ein dichter Kiefernwald begleitet den Weg, bis man nach 46 Kilometern bei El Portillo in den ★ *Parque Nacional de las Cañadas del Teide* (**113/E-F 4-6, 114/A-C 4-6**) gelangt. Hier befindet sich auch das Besucherzentrum (Centro de visitantes), das einen Einblick in die geologischen, biologischen und historischen Besonderheiten des Parks gibt. Eine mehrsprachige Tonbildschau ergänzt die Informationen. Kaum hat man am Anfang des Parks die mit Bimsstein bedeckte Ebene hinter sich gelassen, breitet sich unter tiefblauem Himmel die Steinwüste der Caldera (Kessel) de las Cañadas (Bergfalten) aus. Dieser Einsturzkessel, auch als Urkrater bezeichnet, befindet sich auf über 2000 Meter Höhe ü. d. M. An seiner Südflanke erheben sich bis zu 500 Meter hohe Steilwände. Mit einem Umfang von 45 und einem Durchmesser von 17 Kilometern zählt dieser 13 571 Hektar umfassende Naturpark zu den größten Spaniens; zum Naturschutzgebiet erklärt wurde er 1954. Am Nordhang der Caldera erhebt sich der 3718 Meter hohe Pico del Teide.

Hier ein Wort zur Entstehung der Cañadas aus geologischer Sicht. Die Wissenschaftler gehen davon aus, daß der Urkrater vor mehr als 300 000 Jahren entstanden ist. Wo sich heute der Krater befindet, muß ein gewaltiger Berg von rund 3000 Meter Höhe existiert haben. Eine These besagt, daß es sich dabei um einen Schildvulkan gehandelt haben könnte. Bei einem typischen Schildvulkan ist die äußere Gesteinshaut des Berges relativ dünn und gibt schon bei geringem Druck des darunter brodelnden flüssigen Gesteins nach. Der Vulkanberg an der Stelle der heutigen Caldera wäre demnach beim Aufsteigen der von Gasen durchzogenen Magmamassen in sich zusammengebrochen.

Die Cañadas sind durchsetzt mit abwechslungsreichen Fels-

Das »Dach Teneriffas«: Majestätisch thront der Pico del Teide über der Insellandschaft

formationen und verschiedenfarbigen Lavaflächen. Auf die Sandebene Llano de Ucanca folgen kilometerweit breite Flächen aus erkalteter Lava in farbig oxidierten Schichten. Am Rand der Ebene lagern meterhohe Basaltklötze und andere Gesteinsbrocken aus dunkelglänzendem Obsidian, die wie wahllos dahingeworfene Rieseneier aussehen. Besonders bizarr sind die Felsengruppe Los Roques gegenüber dem staatlichen Hotel, dem Parador Nacional, und die weiter südlich liegende, blau-grünlich schimmernde Gesteinsformation Los Azulejos sowie der Zapato de la Reina (Schuh der Königin). Hinter den Steilwänden bilden die Gipfel Cerrillar, Chiqueros, Colmenas und Guajara (2717 Meter ü. d. M.) die höchsten Erhebungen der Cañadas.

Diese »Mondlandschaft« ist erfüllt von pflanzlichem Leben. Bereits hinter El Portillo sind weite Flächen gelbleuchtender Besenrauken sichtbar, die von weitem wie Haarbüschel von Rasierpinseln aussehen. Sehr typisch sind der weißrosa blühende Teideginster und die rote Tajinaste, die größte Pflanze des Parks, die eine Höhe von bis zu zwei Metern erreicht und in Gruppen auf den Hängen der Kesselwände zu finden ist. Eine botanische Rarität ist das Teideveilchen, das auf den trockenen Bimssteinhängen der Teideflanken bis auf etwa 3200 Meter Meereshöhe vorkommt. Geschickt tarnt es sich zwischen den Steinen, und nur selten gelingt es deshalb jemandem, eines zu Gesicht zu bekommen. Zusammen mit den Arten, die sonst nirgendwo auf der Welt als nur hier oben in der reinen, kristallklaren Höhenluft zu finden sind, existieren im Nationalpark annähernd 45 verschiedene Pflanzenfamilien.

Im Vergleich mit der Flora zeigt sich die Fauna im Nationalpark weit weniger artenreich. Bei den Wirbeltieren zu Lande sind die anzutreffenden Spezies Bergkaninchen, Wildkatzen und Igel. Besser vertreten ist die Vogelwelt. Am Himmel kreisen Sperber, Turmfalke und der vom Aussterben bedrohte Pilgerfalke. Zahlreicher trifft man das Rotkehlchen und die Schwalbe an. Eine besondere und endemische Vo-

MARCO POLO TIPS FÜR DEN NATIONALPARK

1 Cañadas-Straße
Die Straße, die sich auf über 2000 Meter Höhe ü. d. M. hinaufwindet, führt durch dichte Kiefernwälder, bis sie in die bizarre Cañadas-Landschaft gelangt; unterwegs bieten sich immer wieder herrliche Rundblicke über die gesamte Insel (Seite 63)

2 Drahtseilbahn auf den Pico del Teide
So ist der höchste Punkt Teneriffas am schnellsten zu erreichen (Seite 65)

gelart ist der mit blauen Federn geschmückte Teidefink.

Mit der Drahtseilbahn kann man in zehn Minuten die Bergstation des ★ Pico del Teide erreichen; Talstation auf rund 2300 Meter Meereshöhe *(Bergfahrt tgl. 9–18 Uhr alle 30 Min., Talfahrt tgl. 9–18.45 Uhr alle 30 Min., Preis 1800 Ptas)*. Bei starkem Wind fährt die Bahn nicht. Der Weg zum Krater ist für Fahrgäste der Seilbahn nicht zugänglich.

Quartier bietet der Parador Nacional *Las Cañadas del Teide (23 Zi., Tel. 38 64 15, Fax 38 23 52, Kategorie 2);* er wurde jüngst renoviert

Teide-Besteigung zu Fuß

Zünftige Bergsteiger und Wanderlustige erklimmen den Teide zu Fuß (4 Stunden). Die beste Zeit dafür beginnt im Mai und endet im Oktober. Erforderlich sind eine normale Kondition, winddichte Kleidung und feste Schuhe. Hinter *El Portillo*, nach Kilometer 40 der Cañadas-Autostraße, weist eine Abzweigung nach rechts zum Berg *Montaña Blanca* hin. Auf einer großen Tafel wird der Aufstieg zum Gipfel genau erklärt. Ein holpriger Schotterweg führt uns zunächst steil nach oben, durch eine mit Lavageröll und Bimsstein bedeckte Landschaft. Der Pfad wird nach einer Stunde Gehzeit mühsamer, denn die Lavaschlakke ist sehr rutschig. In Höhe der Montaña Blanca zweigt links ein Fußpfad ab, dem wir folgen. Dieser Weg ist eine Abkürzung, aber er ist auch anstrengender. Wer's bequemer angehen möchte, behält die bisherige Route bei, die in weiten Serpentinen nach oben führt. Nach etwa zwei Stunden Marsch gelangen wir zu einem weiteren Fußweg, der nach links zur Schutzhütte *Alta Vista* (3260 Meter ü. d. M.) führt. Diese Hütte ist normalerweise in den Sommermonaten von 17 bis 10 Uhr früh geöffnet; in den Wintermonaten ist sie geschlossen. In jüngster Zeit hat sie eine gründliche Renovierung erfahren; Reservierung von Schlafplätzen unter *Tel. 23 98 11* unbedingt erforderlich. Ehe wir nun auf unserem alten Fußweg die Bergstation der Seilbahn erreichen, lohnt sich kurz vorher noch ein Abstecher zur *Cueva del Hielo* (Eishöhle). Ein Weg zweigt dorthin nach rechts ab, und nach 15 Gehminuten steht man vor der Höhlenöffnung. Die Temperaturen in der Höhle sind so niedrig, daß der kleine Höhlentümpel ständig zugefroren ist. Von der Decke hängen das ganze Jahr über Eiszapfen herab, und vom letzten Winter liegen immer noch Schneewehen herum. Wir gehen auf unseren Pfad zurück und stoßen nach etwa 20 Gehminuten auf einen ICONA-Weg, der links von der Bergstation herüberführt. An der Station angelangt, beginnt der letzte steile Aufstieg, der uns nach 20 Minuten zum Teidekrater bringt. Schwefeldämpfe steigen aus den Gesteinsspalten empor, und wer klamme Finger hat, kann sich an diesen warmen Dämpfen erwärmen. Am schönsten ist es, einen Sonnenaufgang auf dem Teide zu erleben.

Bitte beachten: Der Teidekrater ist im Prinzip für Besucher gesperrt; einzelne Wanderer, die nicht mit der Seilbahn kommen, werden jedoch toleriert.

Einheimische unter sich

Östlich des Teide ist das ländliche Teneriffa zu Hause – und die Inselpatronin

Benutzt man entlang der Südküste die Autobahn, entdeckt man rechts und links ausschließlich Sand, Stein und Geröll. Einzig der Blick auf die fernen Waldhänge der Cumbre Dorsal gibt etwas für das Auge her. Wer dagegen die oberhalb liegende alte Landstraße, die *carretera*, wählt, durchfährt eine fruchtbarere Gegend mit Wiesen und landwirtschaftlichem Anbau. Besonders schön ist das Güímartal, das Gegenstück zum Orotavatal; hier werden vielerlei Gemüse- und Obstsorten angebaut. Die Landstraße führt durch einfache, ursprüngliche Dörfer, die mit dem Tourismus nichts zu tun haben. Die Menschen leben vom Handwerk und von der Landwirtschaft, manche auch vom Fischfang. In den großen Orten wie Arafo und Güímar sind zwar auch schon viele Chalets und Ferienwohnungen entstanden, die aber in den Sommermonaten meistens von Festlandspaniern bewohnt werden. Im allgemeinen ist die gesamte Südostregion vom Tourismus noch nicht berührt.

Blick auf Vilaflor, Teneriffas höchstgelegene Wohngemeinde, umgeben von lichtem Kiefernwald

GÜÍMAR

(115/E3–4) Nur durch die Cumbre Dorsal vom Orotavatal getrennt, erstreckt sich auf der anderen Seite des Gebirgskamms das Güímartal. Weil die meisten Wolken im Tal von La Orotava schon eingefangen werden und sich dort ihre Feuchtigkeit niederschlägt, ist das Tal von Güímar nicht so fruchtbar. Trotzdem ist es gelungen, Bananen, Tomaten und Kartoffeln sowie weitere Gemüsesorten anzubauen. Mitten im Tal breitet sich der Ort Güímar (14 500 Einwohner) aus. Auf dem Dorfplatz steht die Kirche San Pedro aus dem 18. Jahrhundert. Bei den Pyramiden, deren Ursprung sehr umstritten ist, wird ein Besucherzentrum eingerichtet, das in Kürze eröffnet werden soll. Zur Zeit der Eroberung regierte in Güímar der *mencey* Añataerve, der sich zum Christentum bekehren ließ und den Spaniern im Eroberungskampf half. Südöstlich von Güímar befindet sich der Aussichtspunkt ★ Mirador de Don Martín. Unterhalb liegt an der Küste der Hafen Puerto de Güímar mit kleinem Sandstrand. Das dortige Restaurant *Casa Eloy (Kategorie 3)* bietet eine gute Auswahl an Fleisch- und Fischgerichten. Gute Straße vom Ortskern über Arafo auf die Cumbre Dorsal, wo sie in die Cañadas-Straße einmündet.

AUSKUNFT

Policía Municipal
Tel. 51 01 14

ZIELE IN DER UMGEBUNG

Arafo **(115/E 3)**
Der 4100-Seelen-Ort macht einen sauberen Eindruck; nur wenige Häuser sind nicht verputzt, wie es oft in den Dörfern zu sehen ist. Am Ortseingang erblickt man als erstes eine alte kanarische Kiefer, die im Volksmund »Pinie des Herrn« genannt wird. Im Ortszentrum steht die alte Kirche San Juan Degollado, in der sich eine Statue von Luján Pérez befindet. Über eine gute Asphaltstraße gelangt man zur Cumbre Dorsal. Vorbei an kleinen Gehöften windet sich die Straße steil aufwärts, bis die Kiefernwaldzone erreicht ist. Unterwegs bieten sich immer wieder großartige Ausblicke auf das Güímartal und den Atlantik. Bei guter Sicht sieht man bis zur Nachbarinsel Gran Canaria.

Arico **(119/E 2)**
Die Gemeinde Arico (4600 Einwohner) setzt sich aus den drei Hauptorten Arico Viejo, Arico El Nuevo und Lomo de Arico sowie einigen zerstreuten Ansiedlungen zusammen. An der Küste liegt die Fischersiedlung Poris de Abona; südlich davon, auf der Punta de Abona, steht ein Leuchtturm. In Arico El Nuevo fällt die im maurischen Stil gebaute Kirche San Juan Bautista (17. Jahrhundert) auf, die unter portugiesischem Einfluß entstand. An den weißverputzten Häusern findet man noch sehr alte Türen und Fensterläden, die mit einem kräftigen Grün angestrichen sind. Einheimische Küche probiert man am besten in Poris de Abona im Restaurant *Chinchorro (Kategorie 3)*.

MARCO POLO TIPS FÜR DIE SÜDOSTKÜSTE

1 **Mirador de Don Martín**
Aussichtspunkt südöstlich von Güímar (Seite 68)

2 **Vilaflor**
Der höchstgelegene Ort der Insel ist berühmt für seine Spitzenklöppelei und sein Heilklima (Seite 71)

3 **Paisaje Lunar**
Eine phantastische »Mondlandschaft« am Rand der Cañadas (Seite 70)

4 **Candelaria**
Historischer Wallfahrtsort um die Basilika der Candelaria-Madonna (Seite 69)

Blick zur Marienwallfahrtskirche Nuestra Señora de la Candelaria

Candelaria **(115/F 2–3)**

★ Schon von weitem sieht man den weißen Turm der Basilika von Candelaria am Meer stehen. Die Basilika ist der Lichtmeß-Madonna geweiht, der Candelaria, die als Schutzpatronin der Kanarischen Inseln verehrt wird. Gemäß der Gründungslegende sollen zwei ziegenhütende Guanchen, Jahre bevor die christliche Botschaft gewaltsam auf den Inseln verbreitet wurde, in Chimisay, dem heutigen El Socorro, eine Marienstatue am Ufer des Meeres gefunden haben. Woher die dunkel getönte Madonna angeschwemmt kam, ist nicht bekannt; die Überlieferung besagt, sie sei von einem in Seenot geratenen Schiff ins Meer gespült worden. Jedenfalls soll dem einen Hirten der Arm wie gelähmt gewesen sein, als er einen Stein nach der Statue werfen wollte. So brachten die beiden Männer sie zu ihrem König, dem *mencey* von Güímar. Dieser entschied, das Standbild in einer Höhle aufzustellen. Doch Gefolgsleute des Diego de Herrera, Herrschers von Lanzarote, stahlen das Bildnis und stellten es in einem Kloster Lanzarotes auf. Bald ereigneten sich dort seltsame Dinge. Wenn die Meßdiener morgens die Klosterkapelle betraten, fanden sie die Statue regelmäßig mit dem Gesicht zur Wand gedreht. Doch nach jedem Zurechtrücken blickte sie am nächsten Morgen wieder zur Wand. Diese Vorgänge wurden bei der gläubigen Bevölkerung mit dem Raub in Verbindung gebracht, und man entschloß sich, die Statue nach Teneriffa zurückzubringen. Die Wallfahrt zur wundertätigen »Madonna vom Licht« konnte ihren Anfang nehmen.

Die große *plaza* vor der Kirche ist sozusagen die Bühne des Geschehens an diesem Wallfahrtsort. Am meerseitigen Rand der *plaza* stehen neun Figuren von Guanchenkönigen mit Blick auf den Platz. Der 10 600 Einwohner zählende Ort hat eine schöne kleine Altstadt, wo die weißgetünchten Häuser mit den typischen Holzbalkonen verziert sind. Um den Ort gruppieren sich viele neue Wohnhäuser und Ferienanlagen. Ein idyllisches Bild zeigt der Fischerhafen mit den bunten Booten. Unterhalb der *plaza* liegt ein sauberer schwarzer Lavastrand. An Restaurants sind zu empfehlen das *Casa José (Avda. Generalísimo, 3, Kategorie 3)* und das *Playa Mar (C/. Obispo Pérez Cáceres, Kategorie 3)*. Ebenfalls empfehlenswert sind die Hotels *Tenerife Tour (98 Zi., Avda. Generalísimo, 170, Tel. 50 02 00, Fax 50 23 63, Kategorie 3)* und *Punta del Rey (437 Zi., Tel. 50 18 99, Fax 50 00 91, Kategorie 2). Auskunft: Fremdenverkehrsbüro CIT, Avda. Generalísimo, Caletillas, Tel. 50 26 83.*

Fasnia **(115/E 5)**

Auf dem Weg von Güímar nach Fasnia durchquert man eine öde und felsige Gegend, wo fast nur Kakteen und Trockengewächse gedeihen. Die kurvenreiche Strecke ermöglicht immer wieder Ausblicke in die Tiefe der *barrancos*, und links und rechts der Straße sieht man in den Tuff gehauene Höhlen. Das ärmliche Landdorf Fasnia (2500 Einwohner) liegt oberhalb eines Vulkanaschebergs (202 Meter ü. d. M.), auf dem die Kapelle Nuestra Señora de los Dolores errichtet wurde. Im Jahr 1705 entging der Ort nur knapp der Zerstörung durch den Lavastrom des Volcán de Fasnia (2220 Meter ü. d. M.); kurz vor dem Ort kam der Lavastrom zum Stillstand. Unterhalb von Fasnia liegt eine kleine Badebucht mit schwarzem Lavasand.

Granadilla de Abona **(118/C 3)**

Dank guter Bewässerungssysteme hat sich Granadilla zu einem bedeutenden landwirtschaftlichen Ort entwickelt. Im großen Stil werden ringsum Wein, Tomaten, Kartoffeln und Orangen angebaut. Granadilla selbst dehnte sich immer mehr in Richtung Süden aus; dort hat sich mittelständische Industrie angesiedelt. Eine kleine Barockkirche und mehrere *plazas* prägen den Ortskern.

Paisaje Lunar **(118/C 1–2)**

★ Rund 20 Fahrkilometer von Vilaflor entfernt liegt versteckt am Rand der Cañadas das Paisaje Lunar, was soviel wie »Mondlandschaft« heißt. Oberhalb des Ortes zweigt bei Kilometerstein 66 in einer Rechtskurve ein mit »*Palo Blanco*« beschilderter Waldweg ab. Auf einer einsamen Holperstrecke von etwa sieben Kilometern, vorbei an einzelnen Gehöften, gelangt man zu dem Camp Fuente Madre del Agua. Hier läßt man das Auto stehen und folgt dem Weg, der um das Camp führt. An einer engen

Kurve verläßt man den Weg und geht links durch eine seichte Schlucht bis zu einem schmalen Grat, der nach oben führt. Als Orientierungspunkt dient eine Ansammlung von großen Felsblöcken. Nach ungefähr 50 Metern gabelt sich der Weg, und man gelangt an eine Wasserleitung, die talwärts in einen *barranco* führt. Jetzt geht es rechts der Wasserleitung gerade hoch. Entlang einer kleinen Schlucht zur Linken erreicht man später ein Plateau. Von hier hat man einen schönen Blick auf Vilaflor und seine Terrassenfelder. Nun geht es in den Wald hinein. Das Gebiet wird immer freundlicher. Eine weite Talmulde kommt in Sicht. Hell leuchten bizarre Tuffsteingebilde wie Türmchen und Zinnen.

Poris de Abona (119/F 2)
Dieser kleine Fischerort liegt südlich von Arico, direkt an der Küste. Eine zwar gepflegte, aber eintönige Feriensiedlung entstand am Ortseingang. Zwei kleine felsige Badebuchten eignen sich zum Schwimmen, und beim Sonnenbaden liegt man zwischen Fischerkähnen.

Vilaflor (118/B 2–3)
★ Umgeben von Terrassenfeldern, breitet sich unterhalb eines lichten Kiefernwaldes Vilaflor (1500 Einwohner) aus, die höchstgelegene Wohngemeinde der Insel. Hier oben, auf 1400 Meter ü. d. M., finden Lungenleidende ein optimales Klima, zu dem die Waldluft das Ihre beiträgt. Den Besucher erwartet ein gepflegter und ruhiger Ort, in dem die Zeit stehengeblieben zu sein scheint. Etwas außerhalb

Teilansicht von Vilaflor, Erholungsort für Gesunde und Kranke

wird in einer kleinen Fabrik Quellwasser abgefüllt, das als Mineralwasser in den Handel gelangt. Kurz bevor man Vilaflor erreicht, kommt man an zwei riesigen Pinien vorüber, die eine 42, die andere 53 Meter hoch, beide mit einem Stammdurchmesser von vier Metern. Um die beiden Baumgiganten herum ist eine Aussichtsplattform angelegt worden. Vom Ortskern Vilaflors führt eine ausgeschilderte Straße zum *Mirador de San Roque*, wo inmitten von Pinien eine kleine Kapelle steht. Von hier oben bietet sich ein wunderschöner Ausblick auf den friedlichen Höhenluftkurort und hinunter zur Küste mit dem Badeort El Médano.

Berühmt geworden ist Vilaflor durch die Vilaflorspitzen, die von den Frauen geklöppelt werden und direkt in den kleinen Familienbetrieben zu kaufen sind. Im oberen Teil des Orts steht die Kirche San Pedro, die dem aus Vilaflor stammenden Missionar und Wanderprediger Hermano Pedro (Bruder Petrus) geweiht ist, der sie im Jahr 1550 selber erbaut hat.

Die große Badewanne

Hier ist das Eldorado für alle, die mit Ferien Strandleben und alle Arten von Wassersport meinen

Touristisch geprägt ist insbesondere der Südzipfel durch den großen Ferienort Playa de las Américas, der sozusagen vom Reißbrett weg in die karge Landschaft gestampft wurde. Nahtlos grenzt der nicht weniger bedeutende Ferienort Los Cristianos an. Wer landschaftliche Eindrücke sammeln will, den wird diese Region weniger begeistern. Die einzigen natürlichen Vegetationszonen bestehen aus Tomaten- und Bananenplantagen, die jedoch immer mehr den Feriensiedlungen und Hotels weichen. Dafür bieten die flachen Küstenzonen ideale Wassersportmöglichkeiten. Wer Leben und Mentalität der Einheimischen kennenlernen will, der muß in die Dörfer entlang der Küste fahren, zum Beispiel nach La Caleta, Abama, San Juan, Alcalá, Puerto de Santiago. Entlang dieser Ferienstraße stößt man immer wieder auf kleine Badebuchten und ruhige Angelplätze.

Eine kahle Berglandschaft bildet die Kulisse für die moderne Touristenstadt Playa de las Américas

LOS CRISTIANOS

(**117/D 5**) Zwei Gesichter zeigt der an einer ausgedehnten Bucht gelegene Ort. Das frühere Fischerdorf wurde von Hotels und Apartmentanlagen förmlich geschluckt. Ein heller und breiter Sandstrand, auf dem sich die Touristen aus allen nordeuropäischen Ländern aalen, umspannt, begleitet von einer Promenade, die Bucht. Am südlichen Ende ragt eine rötliche Felsenklippe ins Meer. Hier endet die Bucht jäh; dahinter erstreckt sich eine Geröllwüste. Zwischen den Ferienanlagen blühen Blumen in den Gärten, und entlang den Straßen spenden die angepflanzten Bäume Schatten. Eine Fußgängerzone mit Straßencafés, Restaurants und Geschäften führt zur *plaza* am Stadtrand. Zum Teil enge Straßen ziehen sich terrassenförmig durch das alte Fischerdorf. Von oben genießt man einen prächtigen Blick auf den Hafen. Wenn die nach Gomera fahrende Fähre oder der Hydrofoil anlegt, herrscht reger Betrieb. Zu »Piratenschiffen« umgebaute Touristenkutter schippern täglich entlang der Südküste. Große und kleine Yachten ankern neben Fischerbooten und Tretbooten. Oberhalb des Orts lehnen sich Terrassenhäuser an den kleinen Vulkanhügel Chayofita. Hinter der Hafenmole verbindet eine hübsche Promenade den Ort übergangslos mit Playa de las Américas.

BESICHTIGUNGEN

Cactus Park

In dem auf einem Naturgelände angelegten Park sind mehr als 1000 Kakteen und Wüstenpflanzen zu sehen. Eine Informationsbroschüre gibt Auskunft über ihre Besonderheiten und ihre Entwicklung. Von besonderem Interesse ist eine Abteilung, die den Namen »Amazonia« trägt. Hier leben zwischen tropischen Pflanzen und Blüten bunte Kolibris und Schmetterlinge sowie weitere Vögel und Insekten, grüne Leguane und andere Reptilien. Autobahnausfahrt Valle San Lorenzo; etwa 200 Meter oberhalb ist die Einfahrt zum Park. *Gratisbusse* von den Touristenorten im Süden. *Tgl. 9.30–18 Uhr, Eintritt Erwachsene 1250, Kinder von 6 bis 14 Jahren 700 Ptas*

Jardines del Atlántico / Bananera

In der 4 Hektar großen Oase lernt man die Pflanzen der Insel, die Lebensweise der Teneriffer und die einheimische Wassergewinnung kennen. Informationen über die Abfahrt der *Gratisbusse* ab Los Cristianos und Playa de las Américas sind an der Hotelrezeption, beim Reiseleiter und in Reisebüros zu erhalten. *Eintritt 850 Ptas*

Tenerife Zoo – Kamelsafari

Gleich neben dem Cactus Park befindet sich ein kleiner Zoo mit allerlei Raubkatzen und verschiedenen Affenarten. Dort liegt auch ein Kamelsafarigelände, wo man Ritte auf den »Wüstenschiffen« unternehmen kann. *Gratisbusse* von den Touristenzentren aus. *Tgl. 9–18 Uhr, Eintritt 400 Ptas*

RESTAURANTS

El Cardenal

In diesem sehr gemütlichen Restaurant werden sich Liebhaber eines guten Stücks Fleisch besonders wohl fühlen, denn Steaks sind die Spezialität. *Tgl. 13–16 und 19–24 Uhr, C/. Juan XXIII, Kategorie 3*

Casa del Mar

Das direkt am Fischerhafen gelegene Lokal bietet die größte Auswahl an frischem Fisch und Meeresfrüchten. *Tgl. ab 18 Uhr, Kategorie 2*

El Sol Chez Jacques

Restaurant-Bistro im französischen Stil. *Tgl. 13–15 und 19 bis 23 Uhr, zwischen C/. General Franco und C/. Juan XXIII, Kategorie 2*

Swiss-Chalet

Restaurant unter schweizerischer Leitung, zwölf verschiedene Fonduespezialitäten. *Tgl. außer Mi ab 18 Uhr, Avda. Suecia, Kategorie 1*

EINKAUFEN

Fußgängerzone Juan XXIII

Eine gemütliche Bummelpassage mit ungezählten kleinen

Läden und Boutiquen, die zum lustvollen Shopping geradezu einladen.

HOTELS

Die meisten Ferienanlagen sind Drei-Sterne-Hotels und Apartmenthäuser, doch sind inzwischen auch einige Luxushotels hinzugekommen. In der Altstadt gibt es eine Anzahl preiswerter Pensionen. Engländer, Deutsche und Skandinavier sind schon seit geraumer Zeit das dominierende Publikum.

Gran Hotel Arona

Vier-Sterne-Haus unmittelbar an der Bucht. *400 Zi., Tel. 75 06 78, Fax 75 02 43, Kategorie 1*

Marysol

Die behindertengerechte Apartmentanlage verfügt außerdem über mehrere physiotherapeutische Einrichtungen. Etwa 700 Meter zum Strand. *115 Zi., Tel. 75 05 40, Fax 79 54 73, Kategorie 2*

Paradise Park

Neues Aparthotel mit schöner Gartenanlage; es hält ein reichhaltiges Animationsprogramm bereit. *280 Zi., Tel. 79 60 11, Fax 79 84 59, Kategorie 2*

Princesa Dacil

Das größte Hotel am Ort. Das Haus verfügt über eine großzügige Gartenanlage mit Pool. Komfortable Ausstattung und abwechslungsreiches Unterhal-

MARCO POLO TIPS FÜR DIE SÜDWESTKÜSTE

1 **Las Águilas del Teide**
Tierpark oberhalb von Los Cristianos mit reicher Tropenflora, in dem Greifvögel die Hauptattraktion sind (Seite 79)

2 **El Médano**
Das vormalige Fischer- und Bauerndorf besitzt den einzigen natürlichen hellen Sandstrand der Insel (Seite 77)

3 **Cueva del Hermano Pedro**
Ein Höhlenerlebnis bei El Médano (Seite 78)

4 **Barranco del Infierno**
Die wilde »Höllenschlucht« mit 80 Meter hohem Wasserfall ist eine Wanderung wert (Seite 82)

5 **Playa de la Arena**
Romantischer Strand in Puerto de Santiago (Seite 83)

6 **Playa de Santiago**
Schwarzer Sandstrand am Fuß der Felsensteilwand Los Gigantes (Seite 82)

7 **Tauchausflüge**
Mit dem U-Boot hinab in die Meerestiefen vor der Costa del Silencio bei Las Galletas (Seite 77)

8 **Restaurant Nautic**
Trefflich speisen mit Blick auf den Yachthafen von Playa de las Américas (Seite 79)

9 **El Patio**
Luxusrestaurant in Playa de las Américas (Seite 79)

Hafenansicht von Los Cristianos

tungsangebot. Zum Strand sind es etwa 500 Meter. *366 Zi., Camino Penetración, Tel. 79 08 00, Fax 79 06 58, Kategorie 2*

Tenerife-Sur
Das Haus verfügt über behagliche Apartments; außerdem gibt es Restaurant, Bar, Sauna, Squash. 500 Meter zum Meer. *189 Zi., Tel. 79 14 74, Fax 79 27 74, Kategorie 2*

Pensión La Paloma
Kleine Familienpension unweit des Hafens mit einfachen Zimmern. *Ecke C/. Juan XXIII, Tel. 79 01 98*

SPIEL UND SPORT

Buchungen für Haifischangeln und Küstenfahrten auf dem »Piratenschiff« sowie Tretbootverleih an den Anlegeplätzen im Hafen, Windsurfen und Bretterverleih am Strand, desgleichen Vermietung von Sportbooten und Wasserschlitten sowie Motordrachensegeln.

Karting Club Tenerife
Zwischen Los Cristianos und Playa de las Américas befindet sich neben der Autobahn diese große Go-Kart-Anlage. Auch für Kinder geeignet.

Tiefseefischen
Im Hafen von Los Cristianos warten verschiedene Boote auf Petrijünger.

AM ABEND

Dream Palace
Großdimensionierte Disko mit Live-Shows. *Tgl. ab 22 Uhr, oberhalb von Los Cristianos, beim Cactus Park*

El Templo
Riesendisko im Stil eines altägyptischen Tempels, bestehend aus zwei großen Zelten; im einen wird lateinamerikanische, im anderen Popmusik gespielt. Ein Restaurant vervollständigt das Ensemble. *Tgl. 22.30–6 Uhr, Eintritt 1000 Ptas einschließlich 1 Getränk*

AUSKUNFT

Oficina de Turismo
Im Centro Cultural, Avda. Penetración, Mo–Fr 9–13 Uhr, Tel. 75 24 92

ZIELE IN DER UMGEBUNG

Las Galletas **(118/A–B 6)**
»Küste der Stille« bedeutet der spanische Name des Küstenabschnitts an der Südspitze Teneriffas: Costa del Silencio. Hinter der Küste breitet sich steppenartig eine ausgedehnte Ebene aus. Nahe der Südspitze liegt der nette kleine Fischerort Las Galletas. Touristisch erschlossen wurde er, als Belgier an seiner Nordseite das Feriendorf *Ten-Bel* – der Name ist eine Abkürzung für »Teneriffa-Belgien« – im französischen Stil bauten. Die Anlage gliedert sich in verschiedene Wohneinheiten, die überwiegend zweistöckig gebaut sind. Ten-Bel verfügt über zahlreiche Sport- und Unterhaltungseinrichtungen und ist umgeben von tropischen Gärten, in denen sich mehrere Schwimmanlagen befinden *(Tel. 78 58 15, Kategorie 2)*. Den Aufschwung, den Las Galletas durch diese Siedlung erlebte, sieht man an den vielen Neubauten, die jetzt um den Ort stehen. Das Fischerdorf hat sich mit seinen kleinen Läden, seinen Cafés und Restaurants zu einer adretten, gemütlichen Ortschaft gemausert. Am Meer entlang führt eine hübsche kleine Promenade. An ihrer Westseite liegt die Badebucht mit ankernden Fischerbooten. Von hier starten die Surfer; ein Bretterverleih befindet sich am Strand. Außerdem werden von hier ★ *Tauchausflüge* ins offene Meer mit dem finnischen U-Boot »Subtrek« veranstaltet. Gratisbusse hierfür werden in Playa de las Américas, Los Cristianos und Puerto de la Cruz eingesetzt. Nordöstlich von Las Galletas liegt inmitten von Bananenplantagen und anderen tropischen Pflanzen der Camping- und Caravanplatz *Nauta*. Er verfügt über alle Einrichtungen *(Camping- und Caravan-Club Nauta, Las Galletas, Cañada Blanca, Tel. 78 59 71, 78 51 18)*.

El Médano **(119/D 5)**
★☆ Das einstmalige Fischer- und Bauerndorf (1000 Einwohner) hat sich in kurzer Zeit einen Namen in ganz Europa gemacht. Hier befindet sich nämlich der einzige natürliche helle Sandstrand Teneriffas, mit einer Gesamtlänge von drei Kilometern. Regelmäßig werden internationale Windsurfing-Wettbewerbe ausgetragen. Der Strand dehnt sich auf einer Landzunge vom Vulkankegel Montaña Roja (171 Meter) in östlicher und westlicher Richtung aus. Westlich des Vulkanhügels wird am breiten Strand gebadet. Den östlichen Strand bevorzugen die Windsurfer, denn die ständig auflandigen Winde bieten ideale Bedingungen für ihren Sport. El Médano ist zu einem Windsurfer-Mekka geworden.

Im Ortskern, gleich hinter der hübschen *plaza*, liegt ein Familienstrand, der durch die Hotelbauten gut vorm Wind geschützt ist. Hier ankerte 1519 der in spanischen Diensten stehende portugiesische Weltumsegler Magellan. Trotz Hotels und Chalets ist der Ort vom Massenrummel weitgehend verschont geblieben, und das Ursprüngliche ist noch sichtbar. Enge Straßen und Gassen mit alten Häusern bilden den alten Ortskern. Entlang einer kurzen Promenade, um die *plaza* und im

Dorf gibt es gemütliche Terrassencafés und Restaurants. Auch auf abendliche Zerstreuung muß man hier nicht verzichten. In den Hafenkneipen, den einfachen Bars und Pubs sowie den kleinen Diskotheken bekommt man schnell Kontakt. Aber auch Nichtsurfer schätzen diesen Urlaubsort, der in einer ruhigen Umgebung liegt und noch eine idyllische, romantische Atmosphäre ausstrahlt. Das Klima hat bei Asthmatikern, Rheumakranken und Allergikern eine gesundheitsfördernde Wirkung.

Eine gepflegte Unterkunft bietet das familiär geführte Hotel *Playa Sur Tenerife.* Es liegt direkt am Strand und verfügt über einen Pool und eine romantische Gartenanlage. Auto-, Fahrrad- und Surfbrettverleih im Haus, Surfboardtransfer zum Hotel. Übernachtung mit Frühstück oder Halbpension. Eine Surfschule mit Lehrer ist dem Haus angegliedert *(Tel. 17 60 13, 17 61 20, Kategorie 2).* Vom Hotel Playa Sur Tenerife gelangt man in westlicher Richtung zur ★ *Cueva* (Höhle) *del Hermano Pedro.* Nach etwa 200 Metern zweigt der beschilderte Weg rechts ab, und nach weiteren 500 Metern erreicht man die Höhle. Hermano Pedro war ein Wanderprediger, der in Brasilien einen Orden gründete, welcher sich später über ganz Mittelamerika ausbreitete. Vor einiger Zeit wurde er seliggesprochen. In der Höhle werden ihm zu Ehren Messen gefeiert. Wer in El Médano ist, sollte das Restaurant *Avencio* mit seinen Fisch- und Schaltierspezialitäten kennenlernen *(tgl. ab 13 Uhr, gegenüber der plaza, Kategorie 2).*

San Miguel **(118/B 4)**
San Miguel ist noch ein unberührtes Dorf zwischen Granadilla und dem Valle de San Lorenzo. Bekannt wurde es durch seine vielen Blumengärten und Orangenhaine und nicht zuletzt durch Juan Bethancourt Alfonso, der ein bedeutender Historiker und Mediziner der Kanarischen Inseln war. Sein Geburtshaus befindet sich rechts neben der Kirche. Unterhalb des Ortes steht das Castillo San Miguel, eine nachgebaute Burg, in der mittelalterliche Reiterspiele veranstaltet werden. Information bei den Reisebüros.

PLAYA DE LAS AMÉRICAS

(**117/D 4–5**) An der sonnigen Südwestküste Teneriffas entstand in einer flachen, fünf Kilometer langen Küstenzone der Hotel- und Apartmentkomplex Playa de las Américas mit zahlreichen Hotels, Bungalows und Apartmentanlagen. Bis in die frühen sechziger Jahre hinein war diese Region eine reine Sand- und Steinwüste. Ein paar Bananenplantagen waren das einzige Grün. Um die Betonatmosphäre etwas aufzulockern, wurden zwischen den Ferienhäusern Gärten angelegt und entlang den Straßen Palmen gepflanzt. Auf drei überwiegend feinen Sandstränden und in den unzähligen Bars, Pubs und Diskos spielt sich der Urlaubszauber mit zumeist englischem Publikum ab. Dem Spaziergänger bietet sich eine durchgehende Promenade bis Los Cristianos an. Hier ist Teneriffa nicht die Insel des ewigen

Frühlings, sondern die Insel des ewigen Sommers.

BESICHTIGUNG

Las Águilas del Teide

★ In diesem Tierpark mit reicher tropischer Flora sind Greifvögel die Hauptattraktion. Mehrmals täglich finden Vorführungen statt. Am Abend kann man während eines Gala-Dinners eine nächtliche Show erleben, bei der Zauberer/Illusionisten die Stars sind. *Gratisbusse* fahren von allen Touristikzentren hierher. *Tgl. 10–18 Uhr, Eintritt 2000 Ptas*

RESTAURANTS

Café-Bar Berlin

Deutsche Bierstube mit Steaks und deutschen Gerichten, Insider-Treff mit viel Stimmung. *Tgl. ab 19 Uhr bis frühmorgens, Meerespromenade unterhalb des Hotels Gran Tinerfe, Kategorie 3*

La Karina

Deutsches Café-Restaurant der gehobenen Klasse mit herrlicher Terrasse. *Tgl. ab 10 Uhr, Hauptstraße, unterhalb des Hotels Sol, Kategorie 2*

Nautic

★ Hier darf man außergewöhnlich gute Küche erwarten. Schöne Terrasse. *Tgl. ab 12 Uhr, direkt am Yachthafen Puerto Colón, Kategorie 2*

Pastas a Go go

Das unter deutscher Leitung stehende Restaurant im Yachthafen Puerto Colón bietet 99 Nudelgerichte, und zwar allesamt hausgemacht. Reiche Auswahl an italienischen und spanischen Weinen. *Tgl. außer Di 12–24 Uhr, Geschäftszentrum Puerto Colón, Kategorie 2*

El Patio

★ Restaurant-Pianobar im Hotel Jardín Tropical. Das im Stil eines kanarischen *patio* eingerichtete Lokal strahlt viel Atmosphäre aus und hält ein internationales Speisenangebot bereit. *Tgl. 13–16 und 19–24 Uhr, Uferpromenade, Kategorie 1*

EINKAUFEN

Centro América Shopping

Kleine Fachgeschäfte und viele Basare mit Strandartikeln, Parfüms, Kosmetika und Souvenirs, ferner Restaurants, Cafés, Bars. *Neben dem Hotel Las Palmeras*

City Center

Fachgeschäfte auf zwei Etagen mit guten Textilien, Schmuck, Uhren, Kameras und Stickarbeiten. Restaurants und Bars gibt es ebenfalls. *Zwischen den Hotels Los Cardones und La Siesta*

Santiago III

Gepflegtes Geschäftszentrum auf mehreren Ebenen im gleichnamigen Apartmentkomplex mit Geschäften aller Art sowie zahlreichen Restaurants und Bars. *Durchgehend geöffnet*

Shopping Center Bougainville

Gute Fachgeschäfte und viele Basare. Angeboten werden Kameras und Zubehör, elektronische Geräte, Lederwaren, Schmuck, Uhren, Parfüms, Strandartikel und -kleidung; Bücher, Zeitungen und Zeitschriften im Bougan-Shop. *Unterhalb des Hotels Bougainville*

HOTELS

Moderne, große Ferienhotels und Bungalows prägen das Ortsbild. In den Hotels strahlt blitzblanker Marmor, und die Poolanlagen vermitteln tropisches Ambiente.

Gran Hotel Bahía del Duque

Luxushotel der Spitzenklasse im Stil eines kanarischen Dorfes. Großes Sport- und Freizeitangebot, Suiten, Kongreßräume, mehrere Restaurants und Bars. *362 Zi., Ortsteil Fañabé, Tel. 71 30 00, Fax 71 26 16, Kategorie 1*

Gala

Neues Vier-Sterne-Haus direkt gegenüber dem Strand. *308 Zi., Tel. 79 46 00, Fax 79 64 65, Kategorie 2*

Jardín Tropical

Das im maurischen Stil erbaute Hotel liegt inmitten eines tropischen Gartens. Sport- und Gesundheitszentrum, Restaurant, Bar. *427 Zi., Ortsteil San Eugenio, Tel. 75 01 00, 79 51 11, Fax 75 28 44, Kategorie 1*

Park Club Europe

Das unter deutscher Leitung stehende Haus bietet mehrere Gesundheits- und Freizeitprogramme und ist Standort der Alpinen Wanderschule Innsbruck; zum Strand sind es nur wenige Schritte. *283 Zi., Tel. 79 29 70, Fax 79 33 52, Kategorie 2*

Pueblo Torviscas

Direkt an der Playa de Torviscas gelegene Apartment- und Bungalowanlage mit Aparthotelservice. *185 Zi., Tel. 79 06 90, Fax 75 20 51, Kategorie 2*

SPIEL UND SPORT

Baden

Aguapark Octopus

Der am Ortsrand angelegte Freizeit- und Badepark mit Wasserrutschen, mehreren Schwimmbecken und Wasserläufen ist für Kinder und Junggebliebene ein großartiger Spaß. *Eintritt Erwachsene 2000 Ptas, mit Busservice ab Puerto de la Cruz 2900 Ptas, Kinder bis 11 Jahre gratis*

Strände

Die gesamte Küste bei Playa de las Américas besitzt durchgehend, nur von Molen unterbrochen, überwiegend helle und einige dunkle Sandstrände. Die schönsten und den feinsten Sand aufweisenden Strände sind die *Playa de Troya* und die *Playa del Bobo.* Neu angelegte Sandstrände stehen jetzt in der Zone von Fañabé und an der *Playa del Duque* zur Verfügung.

Bootsvermietung

Im Yachthafen Puerto Colón können Motor- und Tretboote gechartert werden.

Fallschirmsegeln

An der Playa de Troya

Jeep-Safari

Mit einer Jeep-Safari kann man die Landschaften im Inneren der Insel erkunden. Die Fahrt durch dichte Wälder und über Vulkangelände ist ein Abenteuer, das weder zu Fuß noch mit Leihwagen möglich wäre. Die Preise richten sich nach der Strecke und der Beköstigung. Buchungen an den Hotelrezeptionen. Nehmen Sie nur legale Firmen in Anspruch!

Segeln
Chartern im Yachthafen. Achten Sie auf den Zustand der Boote und darauf, ob alle Sicherheitseinrichtungen intakt sind.

Squash
In den Hotels *Europe* und *Conquistador*

Tauchen
Interessierte wenden sich an die *Tauchschule Poseidon Nemrod* im Hotel *Las Palmeras (Tel. 79 09 91)*, an den *Baracuda-Tauch- und Surfklub* im Hotel *Paraíso Floral* in Adeje *(Tel. 78 07 25)* und an die *Tauch- und Surfschule* im Hotel *Oasis Paraíso (Tel. 78 10 51)*.

Tennis
Fast alle Hotels haben Tennisplätze, teils mit Flutlicht; Tennislehrer stehen zur Verfügung.

Wandern
Organisierte Wanderungen mit der *Alpinen Wanderschule Innsbruck* (Anmeldung im Hotel *Park Club Europe*) und mit *TIMAH-Bergwandern (Tel. 71 02 42)*.

Wasserski / Schnellboote
Im Yachthafen Puerto Colón und am Strand *Playa de Troya*

Windsurfen
Am Strand *Playa de Troya;* ebendort gibt es auch einen Surfbrettverleih.

AM ABEND

Bananas Garden
Disko-Pub mit Gartenterrasse im Zentrum von Playa de las Américas, direkt gegenüber dem Strand. *Tgl. 12 Uhr bis zum frühen Morgen*

Night-Club Melodies
Showprogramm und Live-Musik zum Tanzen und zur Unterhaltung. *Tgl. ab 22 Uhr, Apartmentanlage Poderosa*

Memphis
Attraktive, ständig wechselnde Programme für Jazzfreunde. *Tgl. ab 22 Uhr, Lagos de Fañabé, Playa de Torviscas*

Pirámide de Arona
Klassisches spanisches Ballett. *Di–Sa ab 21.30, So ab 19 Uhr, Tel. 79 63 60*

Spielkasino
Roulett, Blackjack und Automaten im Untergeschoß des Hotels *Gran Tinerfe.* Paß nicht vergessen! *Tgl. ab 20 Uhr, Eintritt 500 Ptas*

AUSKUNFT

Oficinas de Turismo
Urb. Torviscas, gegenüber dem Hotel La Pinta, tgl. 9–16 Uhr, Tel. 75 03 66, Fax 75 20 32
City Center, tgl. 9–15.30 Uhr, Tel. 79 76 68

ZIELE IN DER UMGEBUNG

Adeje **(117/D 3)**
Das Zentrum des 2500 Einwohner zählenden Orts ist sehr ruhig, auch wenn ringsherum die vielen Neubauten nicht zu übersehen sind. Lorbeerbäume säumen die aufwärtsführende Dorfstraße. Zur Zeit der Guanchen war Adeje Sitz des *mencey* von Teneriffa. Auf dem nahe gelegenen Roque del Conde befand sich eine Kultstätte der Guanchen. Nach der Inbesitznahme Teneriffas durch die spanische Krone war Adeje bis 1840 Sitz

eines adligen Majoratsherrn. Nur das Viertel neben der Dorfkirche Santa Úrsula (17./18. Jahrhundert) mit Häusern aus dem 17. Jahrhundert und die Mitte des 16. Jahrhunderts erbaute Casa Fuerte am Ortsausgang erinnern noch an den früheren Feudalsitz. Die Casa Fuerte mit dekorativer Kanone davor wird heute als Bananenpackerei genutzt. In der genannten Kirche hängen wertvolle Gobelins aus dem späten 17. Jahrhundert neben dem Chorgestühl. Im Altaraufsatz, der für die Grafen von Gomera gemacht wurde, stehen schlichte Figuren von Inselschutzpatronen.

Eine eindrucksvolle Landschaft und Sehenswürdigkeit unmittelbar nordöstlich von Adeje ist der ★ *Barranco del Infierno* (Höllenschlucht) mit seinem Wasserfall. Um dorthin zu gelangen, geht man hinter der Casa Fuerte immer kerzengerade weiter, bis linker Hand ein Parkplatz liegt. Ein Hinweisschild mit der Aufschrift »*Barranco del Infierno*« weist auf einen neu ausgebauten Pfad nach rechts. In vielen Windungen führt dieser am Rand des *barranco* entlang. Am Anfang ist der Weg noch unbeschwerlich, doch je tiefer man vordringt, um so rauher und felsiger wird er. Festes Schuhwerk ist unentbehrlich. Bald erreicht man den *Bailadero de las Brujas* (»Hexentanzplatz«). Von dort blickt man hinab auf eine Seitenschlucht, die zu umgehen ist. Je mehr man sich dem Ende der Schlucht nähert, desto spärlicher wird die Vegetation. Nach einer Biegung ist schließlich das ersehnte Ziel erreicht, und ein etwa 80 Meter herabstürzender Wasserfall fällt einem vor die Füße. Wichtig zu wissen ist, daß der *barranco* nur in den Wintermonaten oder nach einer Regenperiode Wasser führt. Nach längeren Regenzeiten kann es vorkommen, daß der Bach neben dem Wanderweg anschwillt und die Strecke unpassierbar macht. Die Gehzeit hin und zurück beträgt etwa vier Stunden.

La Caleta **(116/C 4)**

Ein vom Tourismus noch nicht berührtes kleines Fischerdorf, das direkt am Meer liegt. Über Felsgestein gelangt man ins Wasser und kann bei kaum spürbarem Wellengang gut baden. Zur Stärkung lädt das Restaurant *Cala Marín* ein, wo es täglich frischen Fisch und Meeresfrüchte gibt *(Kategorie 2)*; empfehlenswert ist auch das Restaurant *Celso (Kategorie 2)*.

Los Gigantes **(112/B–C 5)**

Der Ort hat seinen Namen von den 500 Meter hohen Felswänden, die hier wahrhaft gigantisch aus dem Meer steigen. Mit ihnen bricht das Tenogebirge jäh ab, und ein flacher Küstengürtel beginnt. Der Ort besteht fast gänzlich aus modernen Apartment- und Bungalowanlagen sowie einigen größeren Hotels. Über Serpentinen windet sich die Straße hinunter zum Yachthafen und zu dem daneben liegenden schwarzen Sandstrand ★ *Playa de Santiago* mit der Steilwand davor. Vom alten Ortskern sind nur noch wenige Häuser geblieben, und die noch vorhandenen werden umgebaut oder renoviert. Das größte Hotel am Ort ist das *Santiago* mit 382 Betten, das durchaus gediegen erscheint, weil sein Baustil an die natürliche Umgebung angepaßt wurde. Großzügige Grünflächen, ein großer Pool und ein breites Animationsprogramm gehören zu dem vielfältigen Angebot *(Kategorie 1)*.

Guía de Isora (113/D 6)
Das kleine Städtchen liegt knapp 600 Meter ü. d. M. in einer kargen Lavalandschaft. Reiche Was-

Feriensiedlung in Los Gigantes

serfunde haben eine ertragreiche Landwirtschaft entstehen lassen. Mandelbäume, Terrassen mit Tomaten und Kartoffeln prägen das Umland. Im Ort selbst befindet sich auf einer kleinen *plaza* die Kirche der Virgen de la Luz, die in den fünfziger Jahren renoviert wurde. Im Inneren sind das Bildnis der Patronin und einige Skulpturen von Interesse. Vom Ort aus lohnen sich Abstecher in die benachbarten Dörfer Aripe und Chirche zum Barranco de Tágara.

Puerto de Santiago (112/B–C 5)
Der Fischerort ist heute umgeben von Bungalow- und Apartmentanlagen. Die touristische Erschließung hat zwar viele Besucher angezogen, doch das Ganze ist bewußt auf Ruhesuchende abgestimmt und ohne jeden touristischen Rummel. Das Individuelle ist weitgehend erhalten geblieben. Dies gilt beispielsweise für das Aparthotel *Tamaimo Tropical* (Apartments mit einem oder zwei Schlafzimmern, Restaurant, Bar, zwei Swimmingpools, Solarium mit Jacuzzi, Tennis; *200 Zi., Tel. 10 06 38, Fax 10 07 61, Kategorie 2)* und die Ferienanlage *Apartamentos Punta Negra* direkt an der Lavaküste (nur 14 Wohneinheiten, *Kategorie 2)*.

Unterhalb des Fischerorts liegt der romantische Badestrand ★ *Playa de la Arena*. Oberhalb bietet ein kleines Aussichtsplateau mit Bänken einen herrlichen Blick auf den Strand, das Meer und die Insel Gomera. Im Strandrestaurant *La Sirena* kann man eine Erfrischung, aber auch eine komplette Mahlzeit einnehmen. Die Fisch- und Grillspezialitäten sind zu empfehlen. Zum Abendessen beim Sonnenuntergang Live-Musik. Weiter oben befindet sich eine kleine Promenade mit Bars, Restaurants, Basaren, einer Bank und einer Wechselstube mit Telefonkabinen.

San Juan (116/B 2)
In diesem Fischerort herrscht immer ein emsiges Treiben am Hafen. Dort werden die Kähne gehobelt, verspachtelt und gestrichen. Am frühen Morgen wird der Fischfang entladen, und ein Teil davon landet in den einfachen Restaurants. Im Hafen und an der steinigen Küste wird gebadet und auf der Mole geangelt. Im Bar-Restaurant *La Historia de Don José* erwarten den Besucher Fleischspezialitäten und die eben aus der See gefangenen Fische *(Kategorie 3)*.

NACHBARINSELN

Gomera

Teneriffas westliche Nachbarinsel nimmt auf der Karte eine annähernd runde Form ein. Gomera erhält demnächst einen Flughafen, der die Anreise ab Teneriffa wesentlich verkürzt. Von Los Cristianos/Teneriffa verkehrt täglich viermal eine Fähre nach San Sebastián/Gomera; Fahrtzeit 90 Minuten.

Auf dem 378 Quadratkilometer umfassenden Eiland wohnen rund 16 000 Menschen. Das Inselinnere ist von zahlreichen *barrancos* zerklüftet, die zur Küste hin breiter werden und größere ebene Flächen entstehen ließen. Trotz ihres gebirgigen Charakters ist die Insel gespickt mit Dörfern und Kleinsiedlungen. So karg sie aus der Entfernung wirkt, so üppig ist sie landeinwärts bewachsen. Die Inselmitte, in der sich nördlich des 1487 Meter hohen ✱ Garajonay der *Garajonay-Nationalpark* **(120–121/B–D 2–4)** erstreckt, prangt in allen Grüntönen. Dichter Wald und Gebüsch wechseln sich ab. Vom Gipfel genießt man einen berückenden Ausblick auf Gomera und die Nachbarinseln; bei guter Sicht ist ostwärts, rund 60 Kilometer entfernt, der Pico del Teide auszumachen. In den küstennahen, niedrigen Zonen des Nordens und des Westens gedeiht allenthalben die Kanarische Palme; Wasser ist hier reichlich vorhanden. Im Süden und im Osten hingegen ist die Vegetation spärlich, weil dort kaum Niederschlag fällt.

Die Einwohner Gomeras leben vorwiegend von der Landwirtschaft. Dank den fruchtbaren Böden, dem regelmäßigen Regen und guten Bewässerungssystemen wachsen im Norden subtropische und tropische Früchte wie Bananen, Avocados, Mangos und Papayas. Eine ansehnliche Rolle als Wirtschaftsfaktor spielt außerdem der Fischfang, dessen Erträge in zwei Fabriken zu Konserven verarbeitet werden.

Hauptort ist *San Sebastián de la Gomera* **(121/F 4)** an der Ostküste (5600 Einwohner). Der hübsche alte Ortskern birgt einige Erinnerungen an Kolumbus, der Gomera wiederholt zum Wasserfassen aufsuchte. Sehenswert ist auch *Hermigua* **(121/D 2)**, der zweitgrößte Inselort, im Norden, wenige Kilometer vom Meer entfernt, umgeben von terrassierten Bananenpflanzungen. Eine Naturattraktion sind *Los Órganos* **(120/C 1)** an der äußersten Nordspitze Gomeras, eine 200 Meter breite Felsformation aus über 80 Meter hohen Basaltsäulen, die an einen Orgelprospekt erinnert. Ein ganz besonderer Zauber liegt über dem *Valle Gran Rey* im Westen mit dem gleichnamigen Ort **(120/A–B 3–4)**. Auf den Hangterrassen werden namentlich Bananen angebaut. Hier sind viele deutsche »Aussteiger« zur Ruhe gekommen, denen es auch die Palmenhaine in dem fruchbaren *barranco* angetan haben dürften.

In San Sebastián befindet sich der Parador Nacional *Conde de la Gomera (42 Zi., Tel. 87 11 00, Fax 87 11 16, Kategorie 1)*. Das größte Hotel der Insel ist das ✱ *Tecina* oberhalb von Playa de Santiago **(121/D 5–6;** *342 Zi., Tel. 89 50 50, Kategorie 1)*, das neben einem Panoramablick sämtliche modernen Annehmlichkeiten bietet. Eine gute Küche führt das

Restaurant *La Laguna Grande* im Garajonay-Nationalpark (Spezialitäten: zartes gegrilltes Fleisch, Thunfischsteaks; *Kategorie 2*).

Hierro

Von Teneriffa aus erreicht man mit dem Schiff ab Los Cristianos Hierro, mit 277 Quadratkilometern die kleinste und südlichste der Kanaren (7100 Einwohner); der Hafen ist *Puerto de la Estaca* (**123/F 2**). Schneller geht es mit dem Flieger ab Teneriffa (Los Rodeos), doch muß man immer damit rechnen, daß die Maschine wegen widriger Windverhältnisse nicht landen kann und abdrehen muß.

Hauptort ist *Valverde* (2000 Einwohner) im Nordosten (**123/E-F 2**). Die gebirgige Insel, die im Malpaso 1500 Meter aufragt, zeigt sich weithin in schütterem Grün. Der Tourismus ist erst schwach entwickelt. Dabei lockt Hierro mit ureigenen, vor allem landschaftlichen Reizen (etwa der Bucht *El Golfo* im Nordwesten), ferner mit Zeugnissen aus vorgeschichtlicher Zeit (beispielsweise rätselhaften Steininschriften).

Seit dem 19. Jahrhundert ist in der Gegend um Sabinosa (**122/B 3**) eine heilkräftige Quelle bekannt. In dem kleinen Kurhaus Pozo de la Salud kann man sowohl wohnen als auch Trink- und Badekuren sowie physiotherapeutische Behandlungen absolvieren *(Tel. 55 95 61 und 55 94 65, Fax 55 98 01)*.

Erste Herberge am Platze ist der Parador Nacional *El Hierro* in Valverde *(47 Zi., Tel./Fax 55 80 36 und 55 80 86, Kategorie 1)*

Die Bucht El Golfo, überragt von den schroff abfallenden Wänden des zentralen Inselgebirges, bestimmt Hierros Nordwestflanke

Von 0 auf 3700 Meter

Die hier beschriebenen Routen sind in der Übersichtskarte im vorderen Umschlag und im Atlas ab Seite 108 grün markiert

① VON PUERTO DE LA CRUZ ZUM TEIDE – DURCH ALLE KLIMAZONEN DER INSEL

Wer nicht im Nationalpark Las Cañadas del Teide war, hat Teneriffa nicht wirklich kennengelernt. Auf dieser etwa 85 Kilometer langen Fahrt zu Spaniens höchstem Berg, für die man einen vollen Tag einplanen sollte, kann man sämtliche Klimazonen der Insel durchfahren und außerdem herrliche Ausblicke auf die Süd- und die Nordküste genießen.

Die Straße von Puerto de la Cruz in die Cañadas beginnt in *La Orotava* (S. 36) und schlängelt sich durch landwirtschaftlich genutztes Gebiet mit kleinen, bescheidenen Bauernhäusern. Auf etwa 1000 Meter Höhe erreicht man *Aguamansa* (S. 45). Rundum gibt es zahlreiche gut gekennzeichnete Wanderwege; in einem Krater hat man einen großen, gepflegten Grill- und Freizeitplatz angelegt.

Weiter führt die Straße durch dichtes Waldgebiet mit den langnadligen, für die Insel typischen Kiefern. Etwas oberhalb von km 22 liegt auf der linken Seite eine ungewöhnliche Basaltformation, die einer überdimensionalen Blume ähnelt und Marguerita de Piedra (»Steinerne Margerite«) genannt wird.

Der Baumbestand wird nun immer lichter und niedriger, je mehr man sich dem *Parque Nacional de las Cañadas del Teide* (S. 63) nähert. Auf 2000 Meter Höhe besteht die Vegetation nur noch aus Ginsterbüschen und niedrigem Strauchwerk. Bei *El Portillo* treffen die beiden Straßen von La Orotava und von La Laguna her zusammen. Hier befindet sich das *Besucherzentrum*, wo Videos und Schaukästen über die Entstehung der Insel, über Flora und Fauna Teneriffas informieren. Ferner erhält man Auskunft über geführte Wanderungen durch die Cañadas sowie Literatur über Geologie, Pflanzen- und Tierwelt. Die etwas weiter oben gelegenen Ausflugslokale, die mit Schnellservice auch auf Massenandrang eingerichtet sind, beeinträchtigen ein wenig das Landschaftsbild.

Schließlich kommt man zum Eingang des Nationalparks, der

mit seinen 13 571 Hektar einer der größten Spaniens ist. Kaum jemand wird sich der fesselnden Wirkung entziehen können, die von der grandiosen Natur dieser Gebirgskulisse ausgeht. Der vulkanische Einsturzkessel, der sogenannte Urkrater, mißt 12 × 17 Kilometer; an einigen Stellen überragen die Ränder den Kraterboden um mehr als 500 Meter. Die verschiedenen Vulkanschichten bieten dem Betrachter ein eindrucksvolles Farbenspiel, das von Ockergelb über Schwarzbraun bis zu leuchtendem Türkis reicht. Wer beim Aufstieg zum 3718 Meter hohen Teide die *Montaña Blanca* umwandert, kann die Farbpalette in ihrer ganzen Schönheit erleben. Dabei trifft er auch auf Vulkanbomben, die im Einzelfall mannshoch sind und im Volksmund *Huevos del Teide* (»Teide-Eier«) genannt werden.

Bevor man die auf etwa 2300 Meter Höhe gelegene Talstation der *Seilbahn* (S. 65) erreicht, die Besucher bis zur *Rambleta* am Fuß des Kraters (3600 Meter) bringt, führt die Straße an mehreren Aussichtspunkten vorbei, von denen manche mit Tafeln versehen sind, welche die bizarren Vulkanformationen erklären. Bei der Talstation, die auch von den meisten Inselrundfahrt-Bussen angefahren wird, bilden sich schon morgens lange Warteschlangen, vor allem während der Saison und an den Wochenenden. Bei stärkerem Wind wird der Seilbahnbetrieb eingestellt. Der Krater selbst darf wegen seines hochempfindlichen Ökosystems seit einigen Jahren nicht mehr betreten werden. Doch hat man von der *Rambleta* aus eine ebenso gute Fernsicht. Ein Weg, der von der *Fortaleza* im Osten westwärts zum *Pico Viejo* führt, gewährt Ausblicke in alle Richtungen.

Vor Antritt der Rückfahrt lohnt sich ein Abstecher zum »Finger Gottes«, einem außergewöhnlichen Felsgebilde am Rand des *Llano de Ucanca*, der einst von einem See bedeckt gewesen sein soll. Gegenüber erhebt sich das *Parador-Hotel*, das seit der Modernisierung über vier Sterne sowie eine kleine Kirche verfügt.

Die Route abwärts führt zunächst zurück nach *El Portillo*. Von dort verläuft die Straße auf dem »Rücken« der Insel, der *Cumbre Dorsal* (S. 58), nach Osten. Nach kurzer Zeit tauchen die leuchtendweißen Gebäude des astronomischen und des meteorologischen Observatoriums Izaña auf; die Anlage, in der das deutsche Kiepenheuer-Institut ein Sonnenobservatorium betreibt, kann vom Privatpublikum nicht besichtigt werden. In Kurven führt die Straße weiter zu Tale; beiderseits bieten die Felswände das vielfarbige Wechselspiel der verschiedenen Vulkanschichten.

Weiter unten beginnt wieder der Wald, und links und rechts zeigen sich großartige Ausblicke auf Nord- und Südküste. Oftmals durchfährt man für einige Minuten eine »Waschküche«, wenn die Passatwolke vor der Nordseite des Gebirges lagert. Das Aussichtsplateau *Las Raíces* wartet nicht nur mit einer schönen Fernsicht auf, sondern hat auch historische Bedeutung. Ein Denkmal erinnert daran, daß General Franco und seine Getreuen hier 1936 den Putsch planten, welcher der Republik Spanien ein Ende setzen sollte.

Die Höhenstraße endet in *La Esperanza*, wo die kanarischen Traditionen noch besonders gepflegt werden. In zahlreichen kleinen Gasthäusern kommen inseltypische Gerichte und guter Landwein auf den Tisch. Wem der Sinn nach Luxuriöserem steht, der kann einige Kilometer weiter, in *Guamasa* oder *Los Naranjeros*, in eines der dortigen Restaurants einkehren.

Beim Flughafen *Los Rodeos* erreicht man die Autobahn, und in gut einer halben Stunde ist man wieder in *Puerto de la Cruz*.

② VON PUERTO DE SANTIAGO INS TENOGEBIRGE – EIN WENIG INSELGESCHICHTE

Nicht nur die berühmten drei S – See, Sonne, Strand – hat Teneriffa seinen Besuchern zu bieten. Es gibt auf der Insel auch eine üppige Flora zu entdecken, die teilweise nur hier vorkommt. Zerklüftete, schwer zugängliche Barrancos wecken Abenteuer- und Entdeckerfreude, und in malerischen Dörfchen kommt man der Vergangenheit auf die Spur. Der Ausflug, für den man möglichst einen ganzen Tag veranschlagen sollte, geht über eine Distanz von knapp 100 Kilometern und beginnt in Puerto de Santiago an der Südwestküste der Insel.

Gleich bei *Puerto de Santiago* (S. 83) gibt es die erste Attraktion dieser Tour zu bestaunen: den *Acantilado de los Gigantes* (S. 82), eine Gruppe von Felswänden, die bis zu 500 Meter senkrecht ins Meer abfallen. In ihrem Schutz sind eine Touristensiedlung mit Hotels, Apartmentanlagen und ungezählten Ferienbungalows sowie ein Yachthafen entstanden. Blumengeschmückte Gärten und Terrassen und viel Grün beherrschen das Bild. Gleich neben den dümpelnden Booten und Yachten schmiegt sich die kleine *Playa de Santiago* an die riesenhaften Steilwände. An der Hafenmole reihen sich Restaurants, Cafés und kleine Geschäfte aller Art aneinander.

Durch Tomaten- und Bananenplantagen führt die Straße in das Hochtal von *Santiago del Teide*. In dem felsigen, schwarzen Gelände stehen wie bunte Tupfer ungezählte Mandelbäume, die schon im Januar ihre weiße Blütenpracht entfalten. Hier werden Wein und Getreide kultiviert. Kurz vor der Kirche, die mit ihrer Kuppel an eine Moschee erinnert, zweigt die Straße nach links in Richtung Masca ab.

Sie führt zunächst zur *Degollada de Cherfe*. Auf der Paßstrecke bietet sich ein großartiger Blick auf das Hochtal von Santiago mit dem Teide im Hintergrund. Im Westen erhebt sich das *Tenogebirge* mit seinen tiefen, dunklen Schluchten, am Horizont sind die Inseln Gomera und La Palma auszumachen.

Die Straße schlängelt sich weiter hinunter bis nach *Masca* (S. 48), wo winzige Bauernhäuser an den Felsen kleben. Ehe vor einiger Zeit die neue Straße gebaut wurde, war Masca nur auf Eselsrücken oder mit Geländewagen zu erreichen. Hier sollen früher Seeräuber gehaust haben, denn der *barranco* war nur vom Meer aus zugänglich.

Hinter dem Dorf beginnt die Paßstraße nach Buenavista del Norte, die erst 1996 fertiggestellt worden ist. Durch eine wildromantische Landschaft, in der häufig Wolkenfetzen hängen, geht es hinauf zum Hochtal von El Palmar. Aus der üppigen Vegetation erhebt sich ein Kegel aus Vulkanasche.

Buenavista del Norte (S. 45) liegt an der Küste. Auf dem Weg zum Strand bieten verschiedene kleine Lokale kanarische Gerichte an. Das Schmuckstück des Ortes, die *Kirche Nuestra Señora de los Remedios* von 1513, die wertvolle Kunstwerke barg, ist 1996 bis auf die Grundmauern niedergebrannt.

Eine gut ausgebaute Straße in westlicher Richtung, die sich um das Bergmassiv windet und durch zwei Tunnel führt, gibt links und rechts unglaubliche Ausblicke auf die zerklüftete Steilküste frei und endet schließlich am westlichsten Punkt der Insel, beim *Leuchtturm* an der *Punta de Teno* (S. 48). Da dieser vor einiger Zeit modernisiert wurde und seitdem mit Sonnenenergie betrieben wird, stehen die unteren Räume jetzt leer; sie sollen zu einem Minihotel oder einem Besucherzentrum umfunktioniert werden.

Von Buenavista aus ostwärts führt die Straße durch weitläufige Plantagen nach *Los Silos* (S. 49). Den Dorfplatz zieren schattende Lorbeerbäume und ein hübscher weißer Pavillon.

Durch ein grünes Meer von Bananenpflanzungen erreicht man schließlich *Garachico* (S. 46), ein hübsches Städtchen, das zu Recht als schönster Ort Teneriffas ausgezeichnet wurde. Bevor Garachico 1706 durch einen verheerenden Vulkanausbruch größtenteils verschüttet wurde, war es das Handelszentrum Teneriffas; über seinen Hafen wurden die Erzeugnisse der Insel verschifft. Verschiedene Herrenhäuser, Kirchen und Klöster zeugen noch heute vom früheren Reichtum der Stadt. Neben der ehemaligen Hafenanlage, die fast völlig von der Lava bedeckt wurde, befinden sich eine Burg und ein Naturschwimmbad, dessen verschiedene Bekken durch Lavagestein gebildet werden.

Das Wahrzeichen der Weinstadt *Icod de los Vinos* (S. 47) ist der 500 Jahre alte *Drachenbaum*, eine Besucherattraktion ersten Ranges. Nahebei kann man in einer Probierstube die erstklassigen Weine der Gegend verkosten. Sehenswert ist auch die *Kirche San Marcos* aus dem 16. Jahrhundert. Den Abschluß des Besuches mag ein Bad an der *Playa de San Marcos* bilden. Dort bieten verschiedene Fischlokale fangfrischen Fisch an.

El Tanque, das ebenfalls von dem schrecklichen Vulkanausbruch des Jahres 1706 betroffen wurde, liegt an der Straße zum Erjos-Paß. Hier gibt es eine Kamelstation, die zu einem Ritt auf den »Wüstenschiffen« einlädt. Die Reisebusse und Mietwagen vor der Tür zeugen davon, daß dieses Vergnügen bei den Urlaubern regen Zuspruch findet.

Nun geht es vorbei an fruchtbaren Feldern hinauf zum Puerto de Erjos und dann über eine kurvenreiche Straße nach *Santiago del Teide*. Tief unten schimmert der Atlantik, und an der Küste leuchten die weißgetünchten Gebäude kleiner und größerer Ferienanlagen in der Sonne.

Von Auskunft bis Zoll

Hier finden Sie Informationen für die Reiseplanung und den Inselaufenthalt

AUSKUNFT

Deutschland
Spanisches Fremdenverkehrsamt
Grafenberger Allee 100, 40237 Düsseldorf, Tel. 0211/680 39 81
Myliusstraße 14, 60323 Frankfurt/Main, Tel. 069/72 50 33
Postfach 15 19 40, 80051 München, Tel. 089/538 90 75

Österreich
Spanisches Fremdenverkehrsamt
Walfischgasse 8, 1010 Wien, Tel. 01/512 95 80

Schweiz
Spanisches Fremdenverkehrsamt
Seefeldstrasse 19, 8008 Zürich, Tel. 01/252 79 31

APOTHEKEN

Apotheken *(farmacias)* sind am grünen Kreuz auf weißem Grund zu erkennen. Geöffnet sind sie Mo–Fr 9–13 und 16 bis 19 Uhr sowie Sa vormittags. Die Adressen der Notdienste sind an den Apotheken angeschlagen.

ÄRZTE

Teneriffa-Urlauber versichern sich am besten privat gegen Krankheit. Die Ersatzkassen geben zwar für Spanienreisen den Anspruchsausweis E 111 aus; der kann aber nur in Krankenhäusern direkt eingelöst werden. Wer einen Arzt aufsuchen will, muß das E-111-Papier erst bei einer der örtlichen Sozialversicherungsorganisationen in einen Krankenschein umtauschen. Zudem ignorieren viele Ärzte und sogar Krankenhäuser die deutschen Papiere. Eine private Krankenversicherung für zwei Wochen kostet ab 14 Mark.

Deutschsprachige Ärzte:
Dr. Roland Metzger
Puerto de la Cruz, Apartamentos La Chiripa Garden, Tel. 38 16 94
Dr. Inge Heinz, Naturärztin
Puerto de la Cruz, Ortsteil La Paz, C/. Mogan, 6, Tel. 37 14 06
Deutsches Ärztezentrum
Centro Médico Taoro
Puerto de la Cruz, Ortsteil El Tejar, C/. Canastilleras, 4, Tel. 37 27 68

In zehn Minuten befördert die Drahtseilbahn die Besucher hinauf zum Pico del Teide

Clínica San Eugenio (Poliklinik) Centros Médicos del Sur (Dolmetscher stehen zur Verfügung) *Playa de las Américas, Tel. 79 10 00*

AUSFLÜGE MIT DEM SCHIFF

Nach Gomera
Zwischen Gomera und Los Cristianos verkehrt viermal täglich eine Autofähre; die Überfahrt dauert 90 Minuten. Abfahrt in Los Cristianos 9, 12.30 (außer Mi), 16 und 20 Uhr, in San Sebastián de la Gomera 7, 10.45, 14.15 (außer Mi) und 18 Uhr; Bus ab Santa Cruz de Tenerife. Preis 1920 Ptas (einfach) je Person, 3100 Ptas für einen Mittelklassewagen. Der Hydrofoil (20. März bis 15. Sept.) braucht nur 35 Minuten bis San Sebastián und fährt jetzt bis Valle Gran Rey weiter. Abfahrt in Los Cristianos 9, 12.30 und 19, in Valle Gran Rey 7.15, 10.45 und 17.15 Uhr.
Nach Gran Canaria
Eine regelmäßige Verbindung zwischen Santa Cruz de Tenerife und Las Palmas de Gran Canaria besteht mit dem Jetfoil. Die Überfahrt dauert 80 Minuten und kostet 5531 Ptas. Dreimal wöchentlich (Mo, Mi, Fr) geht die Linie bis Fuerteventura weiter. Außerdem verkehrt zwischen Santa Cruz und Agaete (Westküste von Gran Canaria) viermal täglich in beiden Richtungen eine Autofähre. Die Überfahrt dauert 2 Stunden und kostet (einfach) je Person 2876 Ptas, für einen Mittelklassewagen 9427 Ptas.

AUTOVERMIETUNG

Überall dort, wo Touristen verkehren, werden Mietwagen verschiedener Marken und Größen angeboten. Angesichts der großen Konkurrenz sind Preisvergleiche nachdrücklich zu empfehlen. In Spanien genügt der normale nationale Führerschein.

BANKEN/GELDWECHSEL

Die Banken sind täglich von 9 bis 14 Uhr geöffnet; in den Sommermonaten sind sie samstags geschlossen. Eurocheques müssen in Pesetas ausgestellt werden; der Höchstbetrag ist 25 000 Ptas. Bargeld tauscht man billiger in den Wechselstuben; man erkundige sich jedoch erst nach den Wechselgebühren. Geld kann man auch in den Büros der Reiseagenturen und an den Rezeptionen großer Hotels wechseln.

CAMPING

Einen regulären Campingplatz gibt es im Süden der Insel: *Camping Nauta, Cañada Blanca/Las Galletas, Tel. 78 51 18.* Camping im amerikanischen Stil im Castillo de Himeche zwischen Guía de Isora und Playa de San Juan auf 300 Meter Höhe; Pool, große Gemeinschaftsanlagen *(Tel. 86 22 14 und, mobil, 909 14 16 02).* Wer im Nationalpark campen will, sollte die Genehmigung der Naturschutzbehörde ICONA einholen *(Avda. de Anaga, 35, Santa Cruz de Tenerife, Tel. 33 07 01).*

FLUGHÄFEN

Teneriffa verfügt über zwei Flughäfen: Los Rodeos (interinsular und national) unweit von Santa Cruz, *Tel. 25 79 40,* Reina Sofía (international) bei El Médano, *Tel. 77 00 50.*

KONSULATE

Deutsches Konsulat, *Avda. de Anaga, 45, Santa Cruz de Tenerife, Tel. 28 48 12*
Österreichisches Konsulat, *C/. San Francisco, 17, Santa Cruz de Tenerife, Tel. 24 37 99*
Schweizer Konsulat, *C/. El Cid, 38/40, Las Palmas de Gran Canaria 10, Tel. 928/21 25 20*
Bürostunden Mo–Fr 9–12 Uhr

KREDITKARTEN

Bei Verlust oder Raub Mitteilung an:
American Express,
Tel. 91/459 90 09
Diners Club, *Tel. 91/247 40 00*
Eurocard, *Tel. 91/435 24 45*
Eurocheque, *Tel. 07/49/69/74 09 87*
Visa, *Tel. 91/435 24 45*

LINIENBUSSE

Die Linienbusgesellschaft TITSA verfügt über ein gutfunktionierendes Autobusnetz, das faktisch alle Orte der Insel erreicht. Fahrpläne sind in den Busstationen erhältlich. Haltestellen sind durch Schilder gekennzeichnet. Sehr günstig ist die Blockkarte »Bono-Bus«.

PASS/VISUM

Nach der Öffnung der Grenzen finden für deutsche Urlauber keine Paßkontrollen mehr statt. Gültige Personalpapiere sind jedoch mitzuführen.

PICKNICKPLÄTZE / ZONAS RECREATIVAS

Die meisten Plätze liegen in Waldgebieten und sind mit Grillöfen, Bänken, manchmal auch mit fließendem Wasser ausgerüstet, und sie verfügen über ein Spielgelände für Kinder. Um das Holz braucht man sich nicht zu sorgen, es liegt bereits gestapelt am Platz. An den Straßenrändern ist in den kleinen Schutzhütten *(chozas)* ebenfalls Picknicken möglich. Die *Zonas Recreativas* liegen selbstredend in landschaftlich schönen Gegenden, in denen auch Wanderungen unternommen werden können. An Wochenenden, zumal in den Sommermonaten, fahren die Einheimischen gern ins Grüne; dann sind die Plätze

Besser reisen

Eine Gewohnheit der einheimischen Autofahrer ist es, während der Fahrt den linken Arm lässig aus dem Autofenster hängen zu lassen. Den sollten Sie immer beobachten! Er signalisiert Ihnen eine Gefahrensituation, wenn Bewegung in ihn kommt. Je gestikulierender der Arm ihres Vordermannes sich bewegt, desto kritischer kann die Situation werden. Darum nicht nur auf die Bremsleuchten sehen, die wegen des grellen Sonnenlichts oft nicht zu erkennen sind. Wichtig ist, immer bremsbereit zu sein. Dieses Fahrverhalten ist zwar keine geltende Verkehrsregel, wird aber von den meisten Autofahrern praktiziert und kann Ihnen so manche Beule am Auto und manchen Ärger ersparen.

oft überfüllt und die Grillöfen besetzt. Man muß dann die Picknickplätze frühzeitig anfahren.

La Caldera: Wenn man von La Orotava kommt, liegt etwa auf halber Höhe an der Waldgrenze Aguamansa mit einer Forellenzucht. Im Wald bei Kilometer 16,2 biegt man nach links ab. Nach wenigen Minuten gelangt man zu dem gutausgestatteten Picknickplatz, der neben einem kleinen Weiher liegt. Die Lichtung ist umgeben von einem herrlich duftenden Wald.

Chanajiga: Man fährt von Puerto de la Cruz nach Realejo Alto, dann weiter nach Cruz Santa und biegt dort links ab zum Ort Palo Blanco. Nach etwa 1,5 Kilometern zweigt dort ein Fahrweg zu dem Weiler Las Llanadas ab, und von hier ist der Picknickplatz bereits ausgeschildert.

Las Arenas Negras: Von Puerto de la Cruz fahren Sie nach Icod de los Vinos, von dort weiter nach La Montañeta. Oberhalb des Ortes steht auf der linken Seite ein Forsthaus. Von hier aus sollten Sie den restlichen Weg zum Picknickplatz zu Fuß gehen, zumal er sehr holprig ist. Ein kurzer Aufstieg durch einen Kiefernwald – und schon befinden Sie sich in einem wunderschönen Erholungsgebiet.

Barranco de Ruiz: Dieses kleine Picknickgelände mit Kinderspielplatz liegt, wenn man von Puerto de la Cruz kommt, auf der linken Seite kurz vor dem Ort San Juan de la Rambla, bei Kilometerstein 48.

Carretera de Chío: Sie fahren durch die Cañadas in Richtung Süden und biegen nach der Ebene Llano de Ucanca rechts nach Chío ab. Die Straße durchquert kilometerweite Lavafelder, und nach etwa 10 Kilometern biegen Sie nach links zu der bezeichneten Picknickanlage mit Kinderspielplatz ab.

Los Roques: Unterhalb der gleichnamigen Felsengruppe, gegenüber dem Parador Nacional, liegt dieser große Picknickplatz. Von hier gibt es einen kurzen Wanderweg um die Felsengruppe herum.

Las Raíces: Wer die Höhenstraße, die Cumbre Dorsal, in Richtung Las Cañadas fährt, gelangt kurz nach dem Ort La Esperanza zu diesem »historischen« Picknickplatz; auf ihm hat einst auch General Franco seine mitgebrachten Brötchen

Besserwisser unerwünscht

Während Ihres Aufenthaltes auf der Insel wird Ihnen vermutlich so manches auffallen, was Ihnen verbesserungswürdig erscheint und in Ihrem Heimatland seit langem als überholt gilt, Probleme, für die Sie eine ausgezeichnete Lösung wüßten. Halten Sie sich dennoch mit gutgemeinten Ratschlägen zurück. Die *canarios* machen ihre Erfahrungen lieber selbst; sie hassen es, geschulmeistert zu werden. Gewiß ist man in Sachen Umweltschutz noch lange nicht auf mitteleuropäischem Stand, und mancherorts fehlt es an der notwendigen Aufklärung. Verkneifen Sie sich trotzdem jegliche Besserwisserei. Gehen Sie lieber mit gutem Beispiel voran!

gegessen. Man biegt von der Höhenstraße bei Kilometerstein 9 nach links ab und erreicht nach etwa einem Kilometer den besagten Platz.

Cumbres de Anaga: Man fährt von Las Mercedes in Richtung Anagagebirge. Nach kurzer Zeit erreicht man eine Parallelstraße, die nach links zu dem Ort Taganana führt und rechts nach San Andrés. Sie fahren geradeaus weiter bis zum Mirador Bailadero, von dem Sie auf das hübsche Dorf Taganana blicken. Sie folgen der Straße bis zu den Weilern Lomo Bodegas, La Cumbrilla und Chamorga. Kurz danach haben Sie den Picknickplatz erreicht, der Sie mit einer herrlichen Aussicht belohnt.

Las Lajas: Von Vilaflor kommend, erreichen Sie diesen Picknickplatz kurz hinter dem Mirador Pino del Gordo. Nach weiteren 10 Kilometern sind Sie am Eingang der Cañadas.

POLIZEI

Nationalpolizei *(Policía Nacional*, zuständig für die Landessicherheit und den Autoverkehr), *Tel. 091.* Nur in Santa Cruz, La Laguna und Puerto de la Cruz.
Gemeindepolizei *(Policía Municipal), Santa Cruz de Tenerife, Tel. 092, Puerto de la Cruz, C/. Santo Domingo, Tel. 38 12 24; Playa de las Américas, Pueblo Canario, Tel. 76 51 00*
Kriminalpolizei *(Guardia Civil), Tel. 22 11 00*

POST

In Puerto de la Cruz befindet sich das Postamt in der Calle del Pozo gegenüber dem Busbahnhof, die Postsparkasse *(Caja Postal)* in der Calle Béthencourt. In Santa Cruz ist die Postsparkasse an der Plaza de España, in Los Cristianos in der Calle Juan XXIII, in Playa de las Américas im Pueblo Canario *(11–14 Uhr)*. Öffnungszeiten: *Mo–Fr 9–14, Sa 9–13 Uhr.* Für Standardbriefe und Postkarten im EU-Bereich genügt eine Marke zu 65 Ptas.

SEGELN

Für den engagierten Segler sind die Kanarischen Inseln ein nahezu optimales Revier. Das gleichmäßig warme und sonnige Wetter erlaubt eine zwölfmonatige Saison. Die Nordküste sollte man im Winter möglichst meiden. Hier entstehen wegen der hohen Berge Windstauungen von Land her, so daß der Wind bis auf vereinzelte Böen nur schwach weht. Meist findet man dagegen eine unangenehme See vor. Diese Zone kann sich bis zu 10 Seemeilen vor der Küste erstrecken. Zwischen Gomera und Teneriffa nimmt der Wind ebenfalls stark zu. Windstärken bis zu 35 Knoten und mehr sind keine Seltenheit. Diese Wetterverhältnisse treten meistens zwischen November und Februar auf, wenn Tiefdruckgebiete über den Archipel ziehen. Die Starkwindperioden dauern aber meist nur ein bis drei Tage. Folgende Häfen bieten eine problemlose Ansteuerung und gute Liegeplätze: Santa Cruz/Dársena Pesquera; Yachthafen Radazul; Fischereihafen Candelaria; Sport- und Fischerhafen Puerto de Güímar; Fischerhafen Poris de Abona; Fischerhafen Las Galle-

Die Marco Polo Bitte

Marco Polo war der erste Weltreisende. Er reiste in friedlicher Absicht, verband Ost und West. Er wollte die Welt entdecken, fremde Kulturen kennenlernen, nicht zerstören. Könnte er für uns Reisende des 20. Jahrhunderts nicht Vorbild sein? Aufgeschlossen und friedlich sollte unsere Haltung auf Reisen sein. Dazu gehören auch Respekt vor Mensch und Tier und die Bewahrung der Umwelt.

WWF

tas; Sporthafen Los Cristianos; Sport- und Yachthafen Puerto Colón in Playa de las Américas; Sport- und Yachthafen Los Gigantes; Fischerhafen Punta de Teno.

STRÄNDE

Auf die rote Fahne ist zu achten. Nicht alle Strände werden überwacht; deshalb ist es ratsam, nur dort im Meer zu baden, wo Einheimische ins Wasser gehen.

STROMSPANNUNG

Sie beträgt in großen Hotels generell 220 Volt, in kleinen Pensionen manchmal 110 Volt.

TAXIS

Vor den Hotels und an festgelegten Parkplätzen stehen Taxis, fast durchweg mit Taxameter. Für die meisten Strecken gilt ein fester Tarif, nach dem man sich vor der Abfahrt erkundigen sollte. Für Ausflugsfahrten kann man ebenfalls ein Taxi mieten; hier kann man versuchen zu handeln.

TELEFON

Für internationale Ferngespräche wählt man erst 07 und wartet auf das Freizeichen. Es folgt die Ländervorwahl – Deutschland 49, Österreich 43, Schweiz 41 –, dann die Ortsvorwahl, jedoch ohne die Null. Vorwahl für Teneriffa sowie Gomera und Hierro: 003422.

TENERIFFA-LITERATUR

Manfred Bleck: *Bergwelt Teneriffa – Führer für Wanderer und Bergsteiger*
Hans Breitenströder: *Wandern auf Teneriffa*, Bände 1 und 2
José Luis Concepción: *Die Guanchen – ihr Überleben und ihre Nachkommen*
Editorial Everest: *Kanarische Pflanzenwelt*
Christa Fürstenberg: *40 Spaziergänge und Wanderungen*
Alfred Gebauer (Herausgeber): *Alexander von Humboldt – Seine Woche auf Teneriffa 1799*
Werner Scharnberger: *Reisebilder Teneriffa*

TRINKGELD

Sofern man mit dem geleisteten Service zufrieden ist, sollte man 10 Prozent Trinkgeld geben. Schlechte Bedienung dagegen muß nicht auch noch belohnt werden. Außerdem ist ein bestimmter Betrag für erwiesene Dienste ja bereits in den Rechnungen inbegriffen.

ZEIT

Wer auf die Kanarischen Inseln reist, muß seine Uhr um eine Stunde zurückstellen. Im übrigen gilt auch hier die Sommerzeit.

ZEITUNGEN/ZEITSCHRIFTEN

Deutschsprachige Zeitungen und Zeitschriften aus Europa sind fast immer am Erscheinungstag erhältlich. Es werden mehrere deutsche Inselzeitungen angeboten; die bedeutendste ist der »Wochenspiegel«.

ZOLL

Teneriffa gilt zollrechtlich als Drittland. Darum dürfen aus Teneriffa nur 2 l Wein oder 1 l hochprozentige Spirituosen nach Deutschland eingeführt werden, des weiteren 200 Zigaretten oder 100 Zigarillos oder 50 Zigarren. Am Ort wird den Reisenden oft mitgeteilt, sie dürften größere Mengen einführen. Richtig daran ist lediglich, daß Kanaren-Heimkehrer in Deutschland für gewöhnlich nicht mehr kontrolliert werden.

WETTER IN SANTA CRUZ

Die monatlichen Durchschnittswerte im Überblick

	Jan.	Feb.	März	April	Mai	Juni	Juli	Aug.	Sept.	Okt.	Nov.	Dez.
Tagestemperaturen in °C	21	21	22	23	24	26	28	29	28	26	23	22
Nachttemperaturen in °C	14	14	15	16	17	19	21	21	21	19	17	16
Sonnenschein Std./Tag	5	6	7	8	10	11	11	11	9	7	5	5
Niederschlag Tage/Monat	7	5	3	2	1	0	0	0	1	4	6	7
Wassertemperaturen in °C	19	18	18	18	19	20	21	22	23	23	21	20

Bloß nicht!

Auch auf Teneriffa sind unliebsame Überraschungen möglich – hier erfahren Sie, wogegen Sie sich wappnen sollten

Time-sharing-Werber

Nehmen Sie sich in acht vor den Time-sharing-Schleppern! Wenn Ihnen jemand ein Los aufdrängt und gleich darauf lautstark verkündet, Sie hätten den Hauptgewinn gezogen, dann ist äußerste Vorsicht geboten. Mit solchen und ähnlichen Tricks lockt man die großenteils arglosen Urlauber in die Time-sharing-Anlagen. Dort warten geschulte Verkäufer, die ihre Opfer so lange bearbeiten, bis diese schließlich sogenanntes Teilzeiteigentum erwerben, das ihnen Wohnrecht für bestimmte Wochen des Jahres einräumt. Die Ernüchterung kommt meistens zu spät.

Der Nelkentrick

Wenn sich Ihnen auf offener Straße hübsche junge Frauen nähern, Sie umarmen und Ihnen eine Nelke schenken, dann ist höchste Vorsicht am Platze. Die netten Damen wollen dafür nur eine einzige Pesete; andere Münzen lehnen sie ab. Während Sie in Ihrer Geldbörse kramen, ist man Ihnen behilflich, nach der Pesete zu suchen, und läßt mit unglaublicher Geschicklichkeit sämtliche in der Börse befindlichen Geldscheine verschwinden. Das allerdings werden Sie leider zu spät bemerken. Vorsicht also vor freundlichen jungen Damen mit roten Nelken!

Gratisfahrten

In den Fußgängerzonen und auf belebten Plätzen treten sie inzwischen in Scharen auf, die Zettelverteiler, die zu den verschiedensten Inselausflügen einladen. Zu einem minimalen Teilnehmerpreis oder sogar gratis kann man an den schönsten Ausflügen teilnehmen und erhält zudem noch ein Geschenk oder kann einen Preis gewinnen, wenn man den Werbern glauben will. Es handelt sich jedoch in jedem Fall um Verkaufsfahrten, bei denen geschickte Verkäufer Kaufverträge für allerlei Gebrauchsgüter wie Decken, Kochtöpfe und so weiter unter Dach und Fach bringen. Die Ernüchterung kommt meistens hinterher, wenn sich die Ausflügler bewußt werden, daß sie etwas gekauft haben, was sie eigentlich gar nicht brauchen, und das obendrein zu einem stark überhöhten Preis. Denn daß die Veranstalter die enormen Werbekosten nicht aus der eigenen Tasche zahlen, leuchtet ein. Ausflüge daher lieber beim Reiseveranstalter buchen oder dafür ein Auto mieten.

Sprechen und Verstehen ganz einfach

Zur Erleichterung der Aussprache:

c	vor »e, i« stimmloser Lispellaut, stärker als engl. »th«. Bsp.: gracias
ch	stimmloses deutsches »tsch« wie in »tschüs«
g	vor »e, i« wie deutsches »ch« in »Bach«
gue, gui/que, qui	das »u« ist immer stumm, wie deutsches »g«/»k«
j	immer wie deutsches »ch« in »Bach«
ll, y	wie deutsches »j« zwischen Vokalen. Bsp.: Mallorca
ñ	wie »gn« in »Champagner«

AUF EINEN BLICK

Ja./Nein.	Sí./No.
Vielleicht.	Quizás./Tal vez.
In Ordnung./Einverstanden!	¡De acuerdo!/¡Está bien!
Bitte./Danke.	Por favor./Gracias.
Vielen Dank!	Muchas gracias.
Gern geschehen.	No hay de qué./De nada.
Entschuldigung!	¡Perdón!
Wie bitte?	¿Cómo dice/dices?
Ich verstehe Sie/dich nicht.	No le/la/te entiendo.
Ich spreche nur wenig …	Hablo sólo un poco de …
Können Sie mir bitte helfen?	¿Puede usted ayudarme, por favor?
Ich möchte …	Quiero …/Quisiera …/Me gustaría …
Das gefällt mir (nicht).	(No) me gusta.
Haben Sie …?	¿Tiene usted …?
Wieviel kostet es?	¿Cuánto cuesta?
Wieviel Uhr ist es?	¿Qué hora es?

KENNENLERNEN

Guten Morgen!	¡Buenos días!
Guten Tag!	¡Buenos días!/¡Buenas tardes!
Guten Abend!	¡Buenas tardes!/¡Buenas noches!
Hallo! Grüß dich!	¡Hola! ¿Qué tal?
Ich heiße …	Me llamo …
Wie ist Ihr Name, bitte?	¿Cómo se llama usted, por favor?
Wie geht es Ihnen/dir?	¿Cómo está usted?/¿Qué tal?
Danke. Und Ihnen/dir?	Bien, gracias. ¿Y usted/tú?
Auf Wiedersehen!	¡Hasta la vista!/¡Adiós!
Tschüs!	¡Adiós!/¡Hasta luego!
Bis bald!	¡Hasta pronto!
Bis morgen!	¡Hasta mañana!

Auskunft

links/rechts	a la izquierda/a la derecha
geradeaus	todo seguido/derecho
nah/weit	cerca/lejos
Wie weit ist das?	¿A qué distancia está?
Ich möchte … mieten.	Quisiera alquilar …
… ein Auto	… un coche.
… ein Boot	… una barca/un bote/un barco.
Bitte, wo ist …?	Perdón, ¿dónde está …
… der Bahnhof	… la estación (de trenes)?
… der Busbahnhof	… la estación de autobuses /la terminal?
… der Hafen	… el puerto?
… der Flughafen	… el aeropuerto?
Zum … Hotel.	Al hotel …

Panne

Ich habe eine Panne.	Tengo una avería.
Würden Sie mir bitte einen Abschleppwagen schicken?	¿Pueden ustedes enviarme un cochegrúa, por favor?
Gibt es hier in der Nähe eine Werkstatt?	¿Hay algún taller por aquí cerca?

Tankstelle

Wo ist bitte die nächste Tankstelle?	¿Dónde está la estación de servicio/ la gasolinera más cercana, por favor?
Ich möchte … Liter …	Quisiera … litros de …
… Normalbenzin.	… gasolina normal.
… Super./… Diesel.	… súper./… diesel.
… bleifrei/… verbleit.	… sin plomo./… con plomo.
… mit … Oktan.	… de … octanos.
Volltanken, bitte.	Lleno, por favor.

Unfall

Hilfe!	¡Ayuda!, ¡Socorro!
Achtung!	¡Atención!
Vorsicht!	¡Cuidado!
Rufen Sie bitte schnell …	Llame enseguida …
… einen Krankenwagen.	… una ambulancia.
… die Polizei.	… a la policía.
… die Feuerwehr.	… a los bomberos.
Haben Sie Verbandszeug?	¿Tiene usted botiquín de urgencia?
Es war meine Schuld.	Ha sido por mi culpa.
Es war Ihre Schuld.	Ha sido por su culpa.
Geben Sie mir bitte Ihren Namen und Ihre Anschrift.	¿Puede usted darme su nombre y dirección?

ESSEN/UNTERHALTUNG

Wo gibt es hier …	¿Dónde hay por aquí cerca …
… ein gutes Restaurant?	… un buen restaurante?
… ein nicht zu teures Restaurant?	… un restaurante no demasiado caro?
Gibt es hier eine gemütliche Kneipe?	¿Hay por aquí una taberna acogedora?
Reservieren Sie uns bitte für heute abend einen Tisch für 4 Personen.	¿Puede reservarnos para esta noche una mesa para cuatro personas?
Auf Ihr Wohl!	¡Salud!
Bezahlen, bitte.	¡La cuenta, por favor!
Hat es geschmeckt?	¿Le/Les ha gustado la comida?
Das Essen war ausgezeichnet.	La comida estaba excelente.
Haben Sie einen Veranstaltungskalender?	¿Tiene usted un programa de espectáculos?

EINKAUFEN

Wo finde ich …?	Por favor, ¿dónde hay …?
eine Apotheke	una farmacia
eine Bäckerei	una panadería
ein Einkaufszentrum	un centro comercial
ein Fischgeschäft	una pescadería
ein Fotogeschäft	una tienda de artículos fotográficos
ein Lebensmittelgeschäft	una tienda de comestibles
einen Markt	un mercado

ÜBERNACHTUNG

Können Sie mir bitte … empfehlen?	Perdón, señor/señora/señorita. ¿Podría usted recomendarme …
… ein Hotel	… un hotel?
… eine Pension	… una pensión?
Ich habe ein Zimmer reserviert.	He reservado una habitación.
Haben Sie noch …	¿Tienen ustedes …
… ein Einzelzimmer?	… una habitación individual?
… ein Zweibettzimmer?	… una habitación doble?
… mit Dusche/Bad?	… con ducha/baño?
… für eine Nacht?	… para una noche?
… für eine Woche?	… para una semana?
… mit Blick aufs Meer?	… con vista(s) al mar?
Was kostet das Zimmer mit …	¿Cuánto cuesta la habitación con …
… Frühstück?	… desayuno?
… Halbpension?	… media pensión?

Arzt

Können Sie mir einen guten Arzt empfehlen?	¿Puede usted indicarme un buen médico?
Ich habe mich verletzt.	Me he hecho una herida.
Ich habe …	Tengo …
… Durchfall.	… diarrea.
… Fieber.	… fiebre.
… Kopfschmerzen.	… dolor de cabeza.
… Zahnschmerzen.	… dolor de muelas.

Bank

Wo ist hier bitte …	Por favor, ¿dónde hay por aquí …
… eine Bank?	… un banco?
… eine Wechselstube?	… una oficina/casa de cambio?
Ich möchte … DM (Schilling, Schweizer Franken) in Peseten wechseln.	Quisiera cambiar … marcos alemanes (chelines, francos suizos) en pesetas.

Post

Was kostet …	¿Cuánto cuesta …
… ein Brief …	… una carta …
… eine Postkarte …	… una postal …
… nach Deutschland?	… para Alemania?
Eine Briefmarke, bitte.	Un sello, por favor.

Zahlen

0	cero	19	diecinueve
1	un, uno, una	20	veinte
2	dos	21	veintiuno, -a, veintiún
3	tres	22	veintidós
4	cuatro	30	treinta
5	cinco	40	cuarenta
6	seis	50	cincuenta
7	siete	60	sesenta
8	ocho	70	setenta
9	nueve	80	ochenta
10	diez	90	noventa
11	once	100	cien, ciento
12	doce	200	doscientos, -as
13	trece	1000	mil
14	catorce	2000	dos mil
15	quince	10000	diez mil
16	dieciséis		
17	diecisiete	1/2	medio
18	dieciocho	1/4	un cuarto

Menú

Speisekarte

DESAYUNO	FRÜHSTÜCK
café solo	Espresso
café con leche	Milchkaffee
cortado	Espresso mit einem Schuß Milch
café descafeinado	koffeinfreier Kaffee
té con leche/limón	Tee mit Milch/Zitrone
infusión (de hierbas)/tisana	Kräutertee
chocolate	Schokolade
zumo de fruta	Fruchtsaft
huevo pasado por agua	weiches Ei
huevos revueltos	Rühreier
pan/panecillo/tostada	Brot/Brötchen/Toast
croissant	Hörnchen
churros	fettgebackene Hefekringel
mantequilla	Butter
queso	Käse
embutido/fiambres	Aufschnitt
jamón	Schinken
miel	Honig
mermelada	Marmelade

ENTREMESES/SOPAS	VORSPEISEN/SUPPEN
aceitunas	Oliven
alcachofas	Artischocken
almejas	Venusmuscheln
boquerones	Sardellen
caracoles	Schnecken
chorizo	Paprikawurst
ensaladilla rusa	russische Eier
gambas al ajillo	Garnelen in Knoblauchsauce
jamón serrano	roher Schinken
mejillones	Miesmuscheln
salchichón	spanische Salami
salpicón de marisco	Meeresfrüchtesalat
sopa de ajo	Knoblauchsuppe
sopa de pescado	Fischsuppe
sopa de verduras (sopa juliana, sopa jardinera)	Gemüsesuppe
tortilla (a la) española	Omelett mit Kartoffeln (und Zwiebeln)
tortilla (a la) francesa	einfaches Omelett

PESCADOS Y MARISCOS	FISCH UND MEERESFRÜCHTE
anguila	Aal
atún	Thunfisch
bacalao	Kabeljau, Stockfisch
besugo	Seebrasse
bogavante	(europ.) Hummer
calamares a la romana	panierte Tintenfischringe
calamares en su tinta	Tintenfisch in eigener Soße
dorada	Goldbarsch
gambas	Garnelen
langostinos	Riesengarnelen
lenguado	Seezunge
lubina	See-, Wolfsbarsch
merluza	Seehecht
parrillada de pescado	Fisch-Grillplatte
perca	Barsch
pez espada	Schwertfisch
pulpo	Krake
rape	Seeteufel
rodaballo	Steinbutt
salmón	Lachs
trucha	Forelle

CARNE Y AVES	FLEISCH UND GEFLÜGEL
albóndiga	Fleischklößchen
asado	Braten
buey	Ochse
cabrito	Zicklein
callos	Kutteln
cerdo	Schwein
chuleta	Kotelett
cocido	Eintopf
cochinillo	Spanferkel
conejo	Kaninchen
cordero	Hammel, Lamm
escalope	Schnitzel
guisado	Gulasch, Ragout
hamburguesa	Frikadelle
hígado	Leber
lomo	Lende
parrillada de carne	Fleisch-Grillplatte
pato	Ente
pollo	Hähnchen
riñones	Nieren
solomillo	Filet, Lendenstück
ternera	Kalb
vaca	Rind

ENSALADA Y VERDURAS	SALAT UND GEMÜSE
aguacate	Avocado
alcachofa	Artischocke
berenjenas	Auberginen
calabacín	Zucchini
cebollas	Zwiebeln
col de Bruselas	Rosenkohl
coliflor	Blumenkohl
escarola	Endivie(nsalat)
espárragos	Spargel
garbanzos	Kichererbsen
guisantes	Erbsen
hongos/setas	Pilze
judías	grüne Bohnen
lechuga	Kopfsalat
lentejas	Linsen
papas (patatas)	Kartoffeln
papas (patatas) fritas	Pommes frites
pepino	Gurke
pimiento	Paprikaschote
tomate	Tomate
zanahorias	Karotten

POSTRES, QUESO Y FRUTA	NACHSPEISEN, KÄSE UND OBST
albaricoques	Aprikosen
arroz con leche	Milchreis
cerezas	Kirschen
ciruelas	Pflaumen
flan	Karamelpudding
fresas	Erdbeeren
higos	Feigen
macedonia de frutas	Obstsalat
manzana	Apfel
melocotón	Pfirsich
melón	Melone
naranja	Apfelsine
natillas	Cremespeise
pera	Birne
piña	Ananas
plátano	Banane
pomelo	Pampelmuse
queso	Käse
queso de cabra	Ziegenkäse
queso de oveja	Schafskäse
sandía	Wassermelone
tarta	Torte
uvas	Weintrauben

HELADOS/DULCES	EIS/GEBÄCK
bombón	Praline
café helado	Eiskaffee
chocolate	Schokolade
churros	fettgebackene Hefekringel
copa de helado	Eisbecher
dulces	Süßigkeiten
galletas	Kekse
helado variado	gemischtes Eis
nata	Sahne
tarta de frutas	Obstkuchen

Bebidas
Getränkekarte

BEBIDAS ALCOHÓLICAS	ALKOHOLISCHE GETRÄNKE
aguardiente	Schnaps
botella	Flasche
caña	kleines Glas Bier
cava	im Champagnerverfahren erzeugter Sekt
cerveza	Bier
copa	Glas, Gläschen
jarra	Karaffe, Krug
Jerez amontillado	trockener, leicht nussiger Sherry
Jerez fino	trockener Sherry
Jerez oloroso	dunkler, kräftiger Sherry
litro	Liter
(semi-)seco	(halb-)trocken
vaso	Glas
vino blanco	Weißwein
(vino de) Jerez	Sherry
(vino) rosado	Rosé
(vino) tinto	Rotwein

BEBIDAS NO ALCOHÓLICAS	ALKOHOLFREIE GETRÄNKE
agua mineral	Mineralwasser
batido	Milchmixgetränk
gaseosa	Sprudel mit Geschmack
horchata	(Erd-)Mandelmilch
jugo de tomate	Tomatensaft
leche	Milch
zumo de naranja	Orangensaft

Reiseatlas Teneriffa

Eine Seiteneinteilung zum Reiseatlas finden Sie auf dem hinteren Umschlag dieses Reiseführers

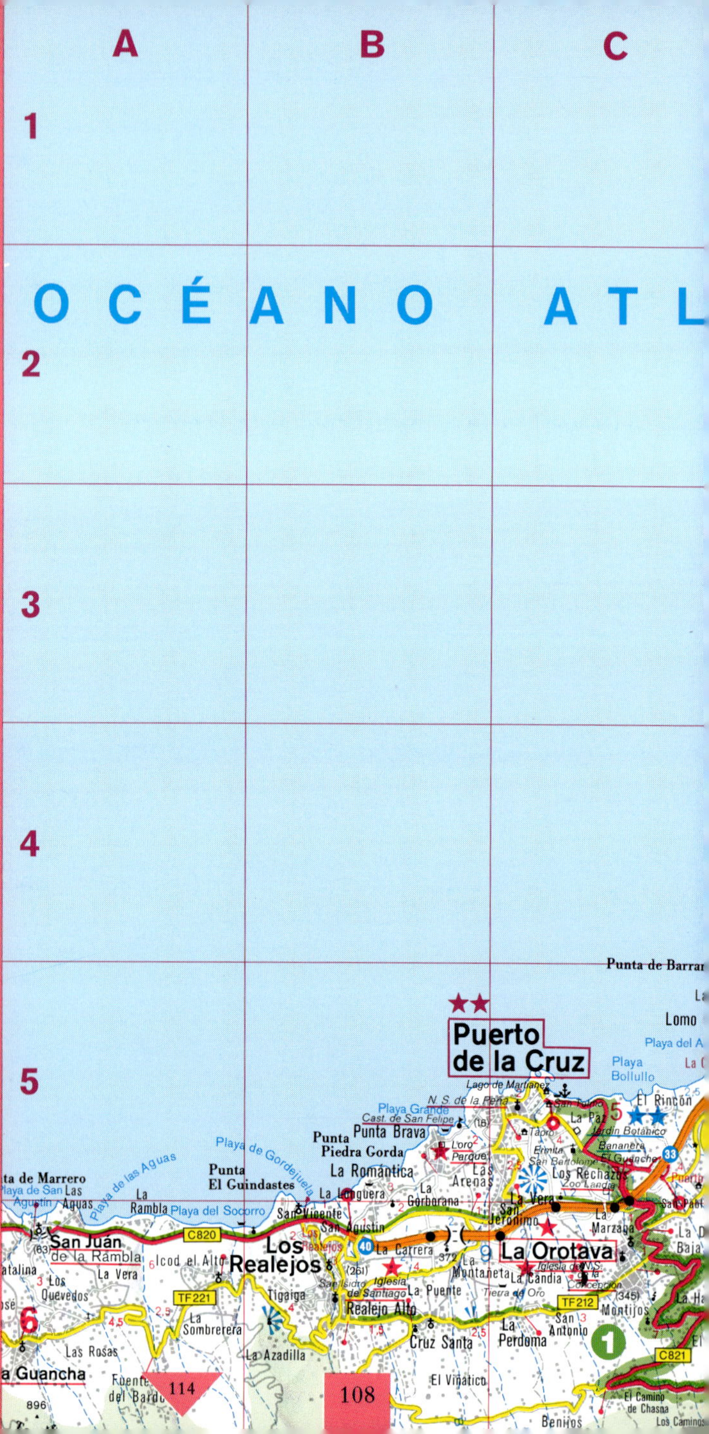

A
B
C
1
2
3
4
5
6
OCÉANO ATL
Punta de Barran
Lomo
Playa del A
Playa Bollullo
Puerto de la Cruz
Lago de Martiánez
N. S. de la Peña
Playa Grande
Cast. de San Felipe
El Rincón
Jardín Botánico
Punta Brava
Punta Piedra Gorda
La Romántica
Loro Parque
Las Arenas
Los Rechazos
Playa de Gordejuela
Playa de las Aguas
Punta El Guindastes
La Longuera
La Gorborana
La Vera
San Jerónimo
ta de Marrero
Playa de San Agustín
Las Aguas
La Rambla
Playa del Socorro
San Vicente
San Agustín
San Juán de la Rambla
C820
Los Realejos
La Carrera
La Orotava
La Marzagá
Icod el Alto
La Vera
Los Quevedos
Tigaiga
Iglesia de Santiago
Realejo Alto
La Puente
La Montañeta
La Candia
Tierra de Oro
TF212
Montijos
TF221
La Sombrerera
Las Rosas
La Azadilla
Cruz Santa
La Perdoma
San Antonio
C821
a Guancha
Fuente del Bardo
114
108
El Viñatico
Benijos
El Camino de Chasna
Los Caminos

D
E
F
1
2
3
4
5
6
ANTICO
Playa de
Piscinas N
Punta Gotera
Punta del Fraile
Caleta del Arco
Milán
TF121
Tejina
Las Tos
la Barranquera
Lomo Rivera
Costa de Valle de Guerra
La Hondura
El Pico
Valle de Guerra
El Cercado
462
Picacho de los Lazaros
El Socorro
Punta del Viento
La Bonifacia
El Pris
TF122
Calle del Vino
Puerto de la Madera
Garimba
Mesa del Mar
Punta de la Mesa
654
Tabares
El Infierno
El Portezuelo
San Juan
Los Perales
Casas del Marqués
San José
La Caridad
Guamasa
Cruz Grande
Playa del Camello
C820
Guayonje
Adelantado
Lomo Colorado
Bahía de la Garañona
Tacoronte
Drago
Cruz Chiquita
Campo de Golf
El Rodeo
Aeropuerto de Tenerife Norte (Los Rodeos)
El Calvario
(447)
El Cristo
Guía
TF5
Los Naranjeros
El Sauzal
San Nicolás
Piedras de
La Cuesta
Asomada
Punta del Puertito
(322)
Ermita de San Simón
El Cangrejillo
Las Casas Altas
Tacoronte
El Valle
Ortigal de Abajo
Punta Pesquero Alto
El Sauzal
La Montañeta
Agua García
La Matanza de Acentejo
Carril Alto
Ortigal de Arriba
Caleta Salvaje
Cruz de Leandro
938
Carboneras
Punta de Juan Blas
El Caletón
Las Cancelillas
Ravelo
Punta del Sol
Ermita de San Diego
Huerta Vicho
(949)
La Breña
La Matanza de Acentejo
(513)
Madre del Agua
La Esperanza
Caleta de la Negra
(El Rosario)
Birmagen
Lomo Pelado
943
C820
32
Guía
San Antonio
1216
Vista de la Huerta
Sta. Ursula
Cueva Labrada
Mirador Pico de las Flores
Quinta
Alfarería
(591)
La Victoria de Acentejo
Las Rosas
La Vera
Preventorio Infantil
Iglesia
Los Altos
Los Cercados
Montaña Cabeza de Toro
Las Raíces
Tosca de Ana María
1500
Las Barreras
(285)
Santa Úrsula
Las Lagunetas
Casa Las Señas
Mirador Ortuño
Barranco Hondo
582
Señora del Ro
La Corujera
Barranco de María
Diablillo
Bosque de la Esperanza
Lomo Chupadero
Barranco Hondo
1
Ovejas
1253
1747
Gaitero
Barranco de Araca
23
Igueste
Florida
C824
Orotava
Las Caletillas
Playa de Las Arenitas
Mirador les Cumbres
Bodegas de Chivisaya
Guaya
Araya
Playa de las
Punta Larga
Candelaria
43
109
115
Los Órganos
Las Cuevecitas

A
B
C
Punta del Hidalgo
Playa de los Troches
Punta Fajana
Punta Tamadite
Punta Poyata
Roque de Taborno
Chinamada
Tenejias
Taborno
Casas de Afur
Punta del Hidalgo
Playa del Arenal
Piscinas Naturales
Punta Gotera
Bajamar
Las Montaña
Las Carboneras
Batán de Abajo
Batán de Arriba
El Peladero
Moguinal
Monte de las Mercedes
Taborno
Roque Negro
Las Casas de la Cumbre
TF 121
TF 114
Tejina
Las Toscas
Tegueste
El Pico
Pedro Alvarez
Ermita Cruz del Carmen
Mirador Pico del Inglés
Las Mercedes
El Palomar
Valle Grande
Valle Crispin
El Socorro
Español
Las Canteras
Roque de la Fortaleza
El Infierno
El Portezuelo
Ermita de San Diego
Valle Vega
Bufadero
Guamasa
Cruz Grande
Hoya del Camello
Las Gavias
La Concepción
LA LAGUNA
Los Campitos
Ramonal
Boca del Valle
Valle Seco
C820
Cruz Chiquita
Aeropuerto de Tenerife Norte (Los Rodeos)
N. S. de la Concepción
Catedral
Valle de Tabares
Valle Gimenez
Santo Domingo
San Roque
S. Benito
Via Ronda/P. Anchieta
Vivero del Distrito Forestal
Valle de Colin
La Higuerita
La Cuesta
Barrio de la
Parque Municipal
Plaza de Toros
Puerto
San Francisco
Museo Arqueológico
Catedral de la
C824
Ortigal de Abajo
Los Baldíos
San Bartolomé de Geneto
San Miguel de Geneto
Las Chumberas
Hospital
Taco
Vista Bella
Barriada del General García Escámez
Sanatorio de Ofra
Somosierra
Carboneras
Las Galeras
Sobradillo
Birmagen
Lomo Pelado
Llano del Moro
Punta Maragallo
Cementerio
Barrio de Chamberí
Mayorazgo
Hoya Fria
Barranco Grande
TF2
Las Rosas
El Tablero
Santa María del Mar
Playa del Muerto
Punta de la Encendida
Punta Pachona
Las Barreras
Machado
El Pilar
San Isidro
La Suerte del Espino
Nuestra Señora del Rosario
C822
Playa Berruguete
Radazul
Playa de la Nea
Urbanización Radazul
Barranco Hondo
Tabaiba
TF1
Punta de Guadamojete
Barranco Hondo
Punta del Morro
Igueste
Las Caletillas
Playa de las Caletas
Las Arenitas
Playa de las Arenas
Punta Larga
Candelaria
115

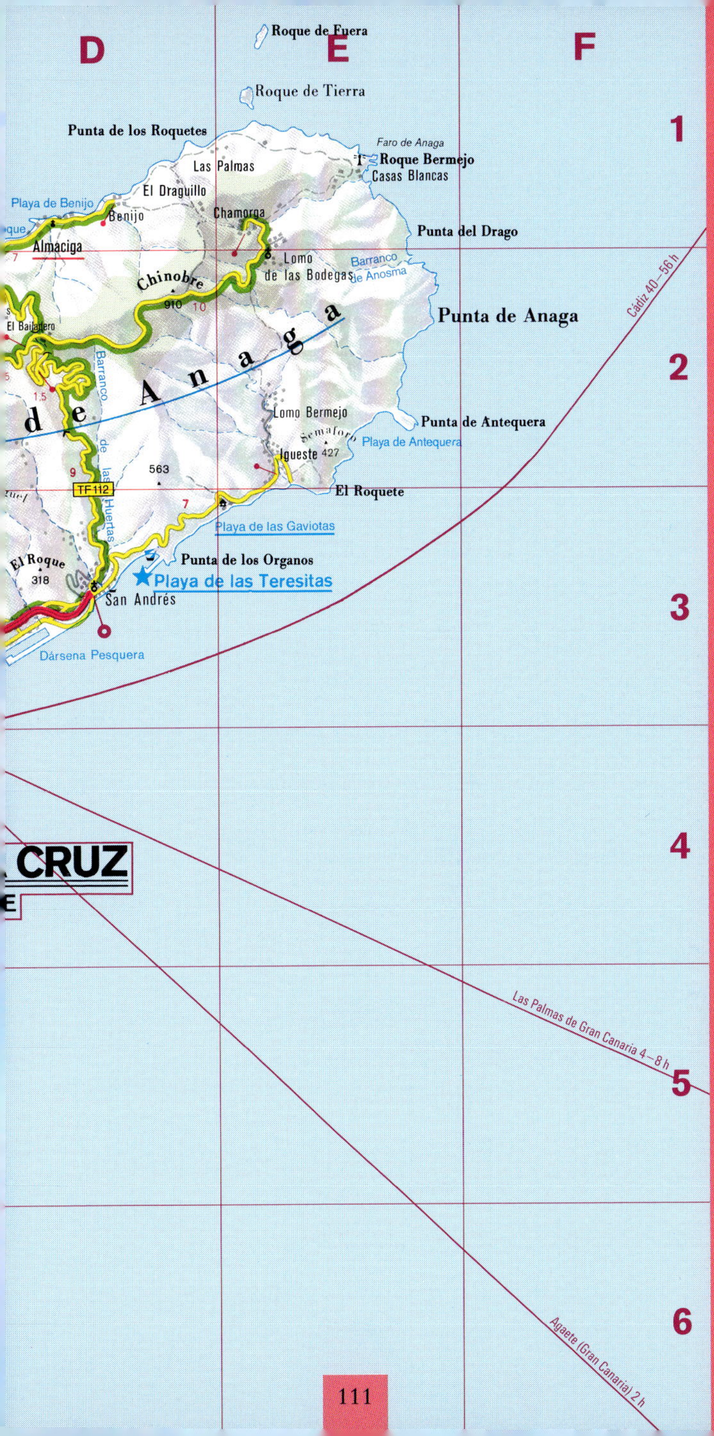

D
E
F
1
2
3
4
5
6
Roque de Fuera
Roque de Tierra
Punta de los Roquetes
Faro de Anaga
Roque Bermejo
Casas Blancas
Las Palmas
El Draguillo
Playa de Benijo
Benijo
Chamorga
Almáciga
Punta del Drago
Lomo de las Bodegas
Barranco de Anosma
Chinobre
910
Punta de Anaga
El Bailadero
de Anaga
Barranco de las Huertas
Lomo Bermejo
Semáforo
Punta de Antequera
Playa de Antequera
Igueste
427
563
TF 112
El Roquete
Playa de las Gaviotas
El Roque
318
Punta de los Organos
Playa de las Teresitas
San Andrés
Dársena Pesquera
Cádiz 40–56 h
CRUZ
Las Palmas de Gran Canaria 4–8 h
Agaete (Gran Canaria) 2 h

A
B
C
1
2
3
4
5
6
OCÉANO A
Punta de la Laja
Punta del Casado
La Costa
Playa del Puertito
San José
La Caleta
Punta Negra
Buenavista del Norte
(122)
San Bernardo
Los Silos
TF 142
El Pozo
16
Punta del Fraile
Punta Morro del Diablo
Punta de la Gaviota
Mirador de Don Pompeyo
Casa Blanca
(111)
La Cuesta
Tierra del Trigo
Punta del Ancón
Las Casas
Bco. de las Cuevas
657
Macizo de Teno
746
Montaña de Talavera
Barranco de Blas
El Lomo Morin
Caleta de Bastián
Punta de Teno
2,5
851
Conde
El Palmar
Las Cuevas Negras
Faro de Teno
Punta Diente de Ajo
Teno Alto
Portela Baja
El Palmar
27
La Laya
Punta de la Hábiga
Las Portelas
Erjos
Ermita de San
Carrizal Bajo
Puerto de Erjos
1117
Herjos del Tanque
Carrizal Alto
3,5
Playa del Carrizal
La Vica
1117
Puntilla Los Abades
Playa de Juán López
915
Masca
Valle de Arriba
Pico de Yeje
Barranco de Masca
Casas de Araza
Santiago del Teide
Montaña
Punta de la Galera
C820
Finca de Guergues
942
Roque Blanco
Las Manchas
1131
4,5
El Retamar
El Malpaís
Playa de Barranco Seco
Punta de Bco. Seco
Tamaimo
(903)
Arguayo
La Canalita
4,5
C820
Acantilado de los Gigantes
La Punta
Los Gigantes
1,5
Chío
Puerto de Santiago
Playa de la Arena
Punta de Barbero
El Costado
Los Pajares
Callao Chico
Las Tabladas
4,5
Punta Blanca
Punta de Alcalá
(84)
Alcalá
TF6
Charquetas

116

D
E
F
1
2
3
4
5
6
LÁNTICO
Punta de las Fajana
Playa Salvaje
Punta de Marrero
Playa de San Agustín
Las Aguas
Punta de Juan Centellas
Playa de Santo Domingo
15
Hoya Grande
San Juan de la Rambla
Ermita de Santo Domingo
Santa Catalina
La Costa
Los Quevedos
Punta de Riquer
Playa Moreno
Playa de San Marcos
San Marcos
Roque de Garachico
Punta de las Coloradas
Caleta
Playa de las Aguas
Las Cañas
La Centinela
Buen Paso
San José
TF222
El Pinalete
La Guancha
Las Rosas
Castillo de San Miguel
Santa Ana
El Guincho
El Molino
San Marcos
St.a Bárbara
Hoya Nadia
La Mancha
Garachico
C820
Drago Milenario
El Lomo Blanco
Icod de los Vinos
Llanito de Perea
Ermita La Cruz del Tronco
Barranco de Castro
Barranco de la Gotera
896
Topete
San Juan del Reparo
El Amparo
Ermita de Bernabé
La Culata
Lomo Alto
La Vega
Pino de Valoy
Hoya de Padilla
Cueva de Viento
Cueva del Viento
El Mortero
rrio Nuevo
La Hoya del Loro
1124
La Montañeta
Casa Canales
El Amparo
Los Marque
Hoya de Redondo
Las Abiertas
Las Hiedras
San José de los Llanos
El Volcán Negro
1626
Parque Nacional del Teide
Cueva de los Cazadores
1526
Montaña del Estrecho
Laderas del
1745
Montaña de Abeque
1764
1805
29
25
3718
Pico de Teide
Mña Reventada
2235
Pico Viejo
2994
3135
2909
Cuevas Negras
Las Narices del Teide
Puerto de la Cañada
2000
Mirador de Chio
2265
Montaña del Cedro
C823
Boca del Tauce
2195
Las
Los Roques
2114
Llano de Ucanca
C823
Chiguergue
Aripe
Chirche
Iglesia de la Virgen de la Luz
(612)
Isora
El Jaral
C822
Acojeja
Mña Gangarro
2050
Zapato de la Reina (roca)
2534
Sombrero
113
117

108

A
B
C
1
2
3
4
5
6
Punta de Barra
Lomo
Playa del
Puerto de la Cruz
Playa Bollullo
Lago de Martiánez
N. S. de la Peña
San Telmo
Playa Grande
Cast. de San Felipe
La Paz
Jardín Botánico
El Rincón
Punta Brava
Punta Piedra Gorda
Taoro
Ermita San Bartolomé
Bananera El Guanche
Loro Parque
La Romántica
Los Rechazos
Zoo Landia
Las Arenas
Playa de Gordejuela
Playa de las Aguas
Punta El Guindastes
Punta de Marrero
Playa de San Agustín
Las Aguas
La Rambla
Playa del Socorro
La Longuera
La Gorborana
La Vera
San Jerónimo
San Vicente
San Agustín
La Marzagá
San Juan de la Rambla
C820
Los Realejos
La Carrera
La Orotava
Icod el Alto
Iglesia de N.S. de la Concepción
Catalina
Los Quevedos
La Vera
San Isidro
Iglesia de Santiago
La Puente
La Montañeta
La Candia
Tierra de Oro
Montijos
TF221
Tigaiga
Realejo Alto
TF212
La Sombrerera
Cruz Santa
La Perdoma
San Antonio
Las Rosas
La Azadilla
C821
La Guancha
Fuentes del Bardo
Palo Blanco
El Viñatico
El Camino de Chasna
896
Topete
Benijos
Los Caminos
Hoya de Pablo
Valle de la
Cueva de la Cazadora
Las Llanadas
Bermeja
Barranco Hondo
Piedra de los Pastores
Wildpret
Leoncico Rgues
1600
Montana Roja
Sventenis
Risco de la Fortaleza
Mña del Alto de Guamasa
2148
El Portillo 2020
C824
Corral del Niño 2000
Cueva de los Cazadores
Centro de Interpretación e Información
Control de acceso
Las Cañadas del Teide
Mña de las Arenas Negras
2342
Montaña de las Vacas
2363
Volcán de
2176
deras del Teide
Refugio de Altavista
3718
Los Huevos del Teide
Cueva del Hielo
Pico de Teide
2750
Mña Rajada
2507
Montaña Blanca
Mirador de San José
Cueva de Diego Hernández
2308
2256
Montaña Negra o del Volcán
Colmenas
Puerto de las Cañadas
Casa Cuartel de la Guardia Civil
2300
21
2086
2382
Pasada
Las Cañadas
C821
2131
El Sanatorio
Centro de Servicios del Parque
2502
La Jumosa
Parador Nacional de las Cañadas
Los Roques
Control de acceso
2576
2114
Llano de Ucanca
Ermita de las Nieves
2717
Guajara
Refugio Montañero
El Cantador
Peñón del Cantador
2483

118

D
E
F
1
2
3
4
5
6
32
23
18
43
C820
C824
C822
TF413
TF612
TF1
Goria
San Antonio
Sta. Ursula
Quinta
La Vera
Iglesia
Santa Úrsula
Tosca de Ana María
Los Altos
Los Cercados
La Victoria
de Acentejo
La Corujera
Ovejas
1253
Florida
Orotava
Mirador
les Cumbres
Los Órganos
Montaña Ayosa
2075
2040
Montaña
de la Crucita
1582
Montaña
de las Arenas
2300
Puerto de Izaña
Observatorio
Geofísico
La Dehesa
Observatorio
Meteorológico
2256
La Ladera
Los Marreros
Casa de la Reina
Las Bejeras
El Bailadero
Guaco
Archifira
Era de la Cabezada
Barranco
La Zarza
La Fuente Nueva
Sabina Alta
Sombrera
La Florida
Lomo Oliva
Madre del Agua
El Bueno
La Cabezada
La Hoya
de Marrero
Los Díaz
Casa de la Chesca
Icor
Carretas
del
Agua
Cueva
Labrada
(El Rosario)
1216
Mirador
Pico de las Flores
Huerta
Lomo
Pelado
943
Birmagen
Las Rosas
Montaña Cabeza
de Toro
1500
Las Lagunetas
Preventorio Infantil
Las Raíces
Las Barreras
Casa Las Señas
Barranco Hondo
582
Barranco Hondo
Mirador
Ortuño
El
Diablillo
Lomo Chupadero
Bosque de la Esperanza
Barranco de Marta
Caitero
1747
Barranco de Araca
Igueste
Las Caletillas
Playa de
Las Arenitas
Guaya
Araya
Playa de las
Punta Larga
Candelaria
Candelaria
Basílica de la Virgen
Playa de
Samarines
Playa de la
Viuda
Lomo
del Molino
Bodegas de
Chivisaya
Los Loros
Las Cuevecitas
Malpaís
Arafo
(463)
Casa de los Santiagos
La Hidalga
Lomo
del Caballo
Las Valeras
El Socorro
Playa de la
Entrada
Playa de
Lima
Punta
de la
Entrada
Chogo
Topo Negro
Icoro
Medio Camino
Arafo
Las Cañadas
Chacaica
La Planta
Volcán de Güímar
276
Güímar
(289)
El Riego
Salamanca
Bco. Fregenal
Piedra Gorda
Malpaís
Punta de
la Cruz
Güímar/Porto de Güímar
Los Guirres
Punta de la
Arenita
Puerto de Güímar
Jagua
Las Rosas
Mirador
de Don Martín
Alta Vista
Anocheza
Morra de los Bosios
Pájara
Hoya del Pozo
Playa de Arriba o las Bajas
Punta Gache
El Pelao
La Medida
La Tosca
Playa de la Caleta
Punta Prieta/La Caleta
Lomo de Mena
Cueva del Barranco
de Herque
El Escobonal
Playa Barranco Arriba
La Corujera
Aguerche
Playa de la Margallera
Cano
Playa de Chimaje
El Tablado/Escobonal
Punta del Poris
El Tablado
Cueva de la Negra
Fasnia
Playa de Topuerque
Herques
Fasnia/Los Roques
Fondeadero
de Fasnia
Joaquín
Playa del Abrigo
Las Ceras
Punta de Honduras

109

119

A
B
C
1
2
3
4
5
6
112
2
Los Gigantes
Puerto de Santiago
Chío
Playa de la Arena
Punta de Barbero
El Costado
Callao Chico
Punta Blanca
Punta de Alcalá
Los Pajares
Las Tabladas
Chiguergue
Aripe
Chirche
C823
Iglesia de la Virgen de la Luz
Guía de Isora
(612)
(84)
Alcalá
C822
Acojeja
TF623
Charquetas
Barranco de Guía
Corco
Tejina
1049
Tejina
Playa de la Barrera
Playa Rosalia
San Juán
Playa de San Juán
El Morro
Los Maquenes
Vera
Punta de la Tixera
Abama
TF6237
Chasogo
Lagial
Ricasa
Tijoco de Abajo
31
La Isorana
Punta del Cangrejo
Marazul
Casa de Don Luis
Hoya Grande
Los Menores
Puerto de los Mozos
Armeñime
Callao Salvaje
Playa Paraiso
El Roque
Fiesta Floral
Punta Negra
El Calabozo
El Becerro
El Puertito
Punta de las Gaviotas
La Caleta
Playa de la Enramada
Casa del D
Playa
Playa de la
Punta
Play
Santa Cruz de la Palma 4½ h
San Sebastian de la Gomera 1¼ h
Puerto de la Estaca (Hierro) 4½ h

113

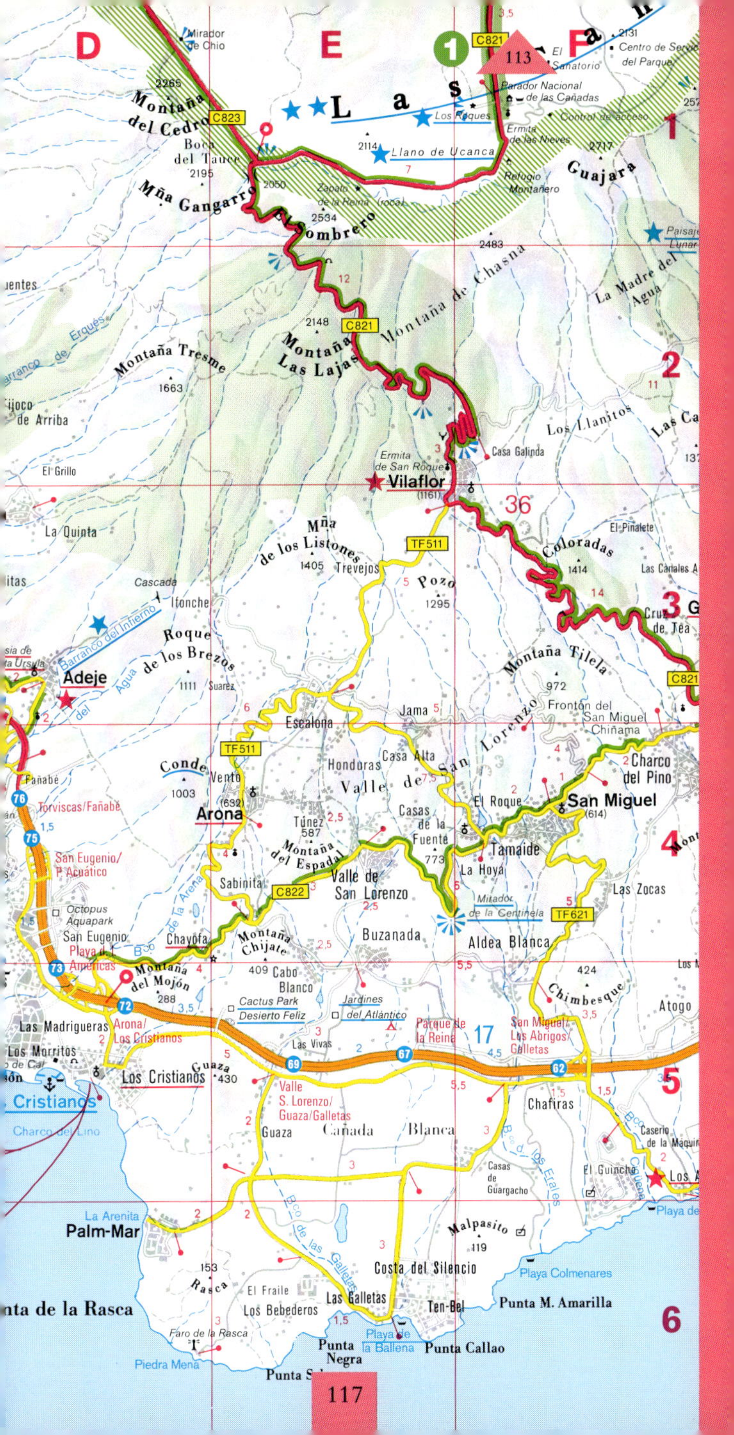
D
E
F
1
2
3
4
5
6
Las Cañadas
Mirador de Chio
Montaña del Cedro
2265
C823
C821
Boca del Tauce
2195
Mña Gangarro
2050
El Sombrero
2534
Zapato de la Reina (roca)
2114
Llano de Ucanca
Los Roques
Parador Nacional de las Cañadas
El Sanatorio
2131
Centro de Servicio del Parque
Control de acceso
Ermita de las Nieves
2717
Guajara
Refugio Montañero
2483
Paisaje Lunar
La Madre del Agua
Montaña de Chasna
2148
Montaña Las Lajas
Montaña Tresme
1663
Barranco de Erques
Tijoco de Arriba
El Grillo
La Quinta
Los Llanitos
Casa Galinda
Ermita de San Roque
Vilaflor
(1161)
36
El Pinalete
Coloradas
1414
Las Canales
Mña de los Listones
1405
Trevejos
TF511
Pozo
1295
Cascada
Ifonche
Barranco del Infierno
Roque de los Brezos
1111
Suarez
Cruz de Tea
Adeje
Agua del
Montaña Tilela
972
Frontón del San Miguel
Chiñama
Jama
Escalona
Montaña de San Lorenzo
Honduras
Casa Alta
Valle de San Lorenzo
Charco del Pino
Conde
1003
Vento
(632)
Arona
El Roque
San Miguel
(614)
Fañabé
Torviscas/Fañabé
Túnez
587
Casas de la Fuente
773
Tamaide
Montaña del Espadal
La Hoya
San Eugenio/ P. Acuático
Octopus Aquapark
Sabinita
C822
Valle de San Lorenzo
Las Zocas
Mirador de la Centinela
TF621
San Eugenio
Playa d. l. Américas
Chayofa
Montaña Chijate
Buzanada
Aldea Blanca
Montaña del Mojón
288
409
Cabo Blanco
424
Chimbesque
Atogo
Cactus Park
Desierto Feliz
Jardines del Atlántico
Parque de la Reina
17
San Miguel/ Los Abrigos/ Galletas
Las Madrigueras
Arona/ Los Cristianos
Las Vivas
Los Morritos
Guaza
430
Los Cristianos
Valle S. Lorenzo/ Guaza/Galletas
Chafiras
Cristianos
Charco del Lino
Guaza
Cañada Blanca
Caserío de la Maquina
Bco. de los Erales
Casas de Guargacho
El Guincho
La Arenita
Palm-Mar
Bco. de las Galletas
Malpasito
119
153
Rasca
El Fraile
Costa del Silencio
Playa Colmenares
Punta de la Rasca
Los Bebederos
Las Galletas
Ten-Bel
Punta M. Amarilla
Faro de la Rasca
Playa de la Ballena
Punta Negra
Punta Callao
Piedra Mena

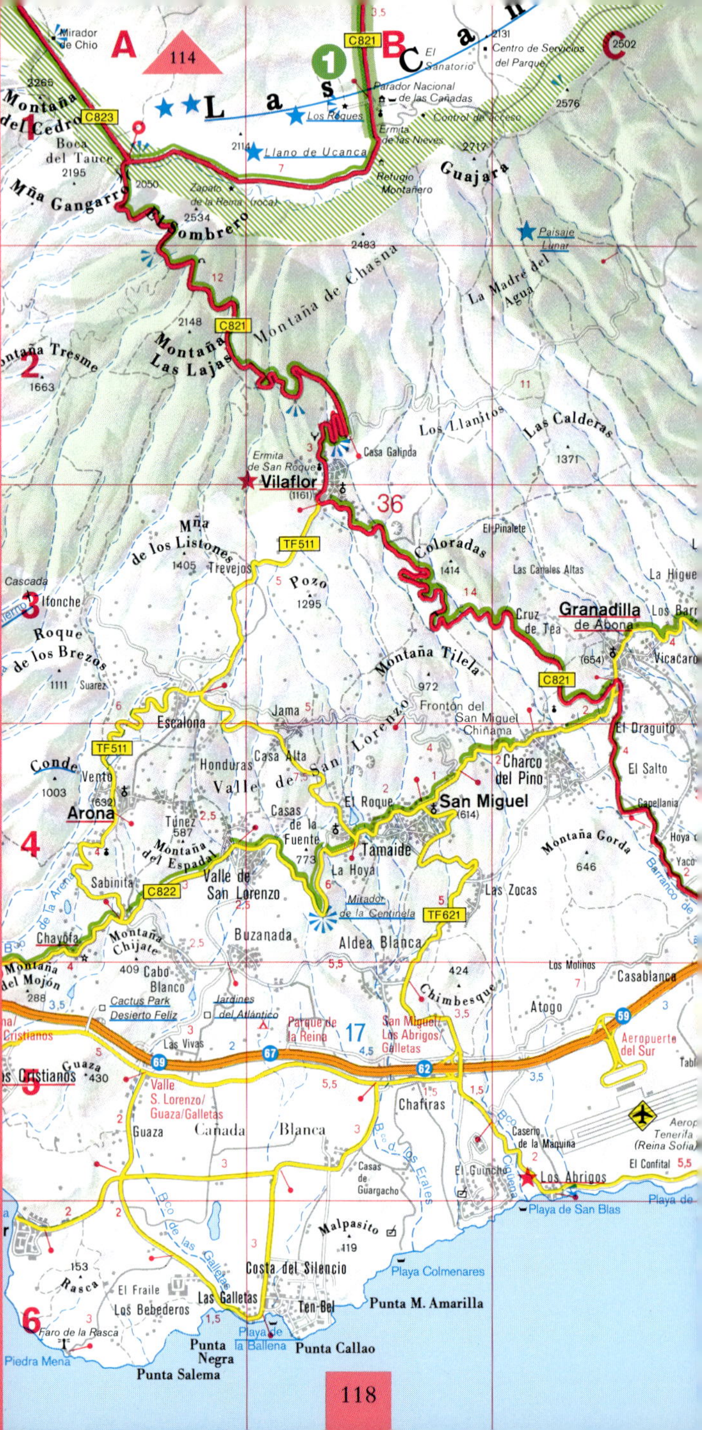
Las Cañadas
A
B
C
114
1
2
3
4
5
6
Mirador de Chio
C821
C823
C822
TF511
TF621
Montaña del Cedro
Boca del Tauce
2195
3265
Mña Gangarro
2050
El Sombrero
2534
Zapato de la Reina (roca)
Llano de Ucanca
2114
Los Roques
Parador Nacional de las Cañadas
El Sanatorio
2131
Centro de Servicios del Parque
2502
2576
Control de acceso
Ermita de las Nieves
2717
Refugio Montañero
Guajara
2483
Paisaje Lunar
La Madre del Agua
Montaña de Chasna
2148
Montaña Las Lajas
Montaña Tresme
1663
Los Llanitos
Las Calderas
1371
Casa Galinda
Ermita de San Roque
Vilaflor
(1161)
36
El Pinalete
Coloradas
1414
Las Canales Altas
La Higue
Mña de los Listones
1405
Trevejos
Pozo
1295
Cascada
Ifonche
Roque de los Brezos
1111
Suarez
Cruz de Tea
Granadilla de Abona
(654)
Los Barr
Vicacaro
Montaña Tilela
972
Frontón del San Miguel
Chiñama
El Draguito
El Salto
Capellania
Hoya
Yaco
Barranco de
Escalona
Jama
San Lorenzo
Casa Alta
Honduras
Valle de San Lorenzo
Charco del Pino
Conde
1003
Vento
(632)
Arona
Túnez
587
Casas de la Fuente
El Roque
San Miguel
(614)
Tamaide
773
La Hoya
Montaña del Espadal
Montaña Gorda
646
Sabinita
Valle de San Lorenzo
Las Zocas
Mirador de la Centinela
Bco. de la Arena
Chayofa
Montaña Chijate
Buzanada
Aldea Blanca
Montaña del Mojón
288
409
Cabo Blanco
424
Chimbesque
Los Molinos
Casablanca
Atogo
Cactus Park
Desierto Feliz
Jardines del Atlántico
Parque de la Reina
17
San Miguel/ Los Abrigos/ Galletas
Aeropuerto del Sur
Los Cristianos
Las Vivas
Guaza
430
69
67
62
59
Valle S. Lorenzo/ Guaza/Galletas
Chafiras
Aeropuerto Tenerife (Reina Sofía)
Guaza
Cañada
Blanca
Bco. de los Erales
Caserío de la Maquina
Casas de Guargacho
El Guincho
Los Abrigos
El Confital
Bco. Ciguena
Playa de San Blas
Playa de
Malpasito
119
Bco. de las Galletas
153
Rasca
El Fraile
Los Bebederos
Costa del Silencio
Playa Colmenares
Las Galletas
Ten-Bel
Punta M. Amarilla
Faro de la Rasca
Playa de la Ballena
Punta Callao
Punta Negra
Punta Salema
Piedra Mena

D
E
F
115
1
2
3
4
5
6
La Zarza
Fasnia
El Tabl
Playa de T
La Jumosa
La Fuente Nueva
Sabina Alta
TF1
33
Fasnia/Los Roq
Fondeadero de Fasnia
Barranco de Icor
Sombrera
Joaquín
34
La Florida
Lomo Oliva
Playa del Abrigo
Madre del Agua
El Cantador
El Bueno
C822
3,5
Peñón del Cantador
La Cabezada
La Hoya de Marrero
Icor
35
Las Ceras
Punta de Honduras
Carretas
Los Díaz
Casa de la Chesca
Cuevas de las Ricas
Casas de la Cera
Torta
Degollada
Arico Viejo
154
Playa de las Ceras
Las Silletas
La Sabinita
Arico
Montaña Magua
Punta del Rincón
Los Gavitanes
4,5
Arico El Nuevo
El Arrecife
40
Playa de la Caleta
(591)
5,5
Arico/ Poris de Abona
Punta la Ternera
Villa de Arico
Casas del Viso
La Cancela
Poris de Abona
La Cisnera
7
Puerto de Abona
(558)
Lomo de Arico
3
Playa Grande
Montaña Centinela
2,5
Punta de los Requetés
El Frontón
6,5
El Viento
Casas San Juán
Reverón
Sanatorio de Abona
265
Abades
(17)
Casas El Faro
696
Las Rosas
El Río
42
Punta de Cueva Nueva
Barranco
Playa de los Abrigos
Punta de Abades
C822
Chimiche
Salto del Roque
Ensenada de Abades
Punta de los Jureles
La Jaca
P.I.R.S. Tajao
46
Vigía
Ensenada Piedra de la Sal
Barranco del Río
17
Punta del Sordo
Playa de Cayado Hondo
San Miguel de Tajao
El Vallito
2,5
Chimiche/ El Río
49
Cueva Honda
Pol. Industrial Granadilla
50
1,5
Playa del Río
Montaña de los Riscos
Casas de las Montañas
52
Playa del Tambor
275
Charco
P. Eolico/Pol. Ind. Granadilla
Punta del Camello
TF1
Playa del Medio
El Guirre
Punta del Tanque del Vidrio
Playa de la Rajita
Punta de la Pelada
El Topo
Ensenada de la Pelada
Punta de los Mejillones
El Médano
Punta del Médano
Playa del Médano
Punta del Bocinegro
unta Roja

A
B
C
1
2
3
4
5
6
Punta de las Salinas
Playa de las Salinas
Punta de los Órganos
Los Órganos
Chiguere
Desembarcadero
El Castillo de Vallehermoso
Puerto de Vallehermoso
Punta del Peligro
Playa de Santa Catalina
Arguamul
Ermita de Santa Clara
Mña Beguira
Teselinde
876
475
Tazo
Valle Abajo
Simaneas
Tamargada
650
Roque Cano
Playa de Negrín
Baja del Picacho
Punta del Viento
Cubada
897
Vallehermoso
(186)
El Palmar
Punta del Trigo
La Quilla
Los Chapines
Los Llanos
Alojera
Epina
Ermita San Isidro
TF711
Macayo
Rosa de las Piedras
Playa de Alojera
1015
Garabato
El Cabezo
617
Lomo del Balo
Carza
798
695
Casas de Meriga
560
TF713
1107
Banda de las Rosas
Los Loros
Talisca Negra
Araña
Ermita El Santo
Acardece
Quemado
Punta de Pejerreyes
Taguluche
Arure (834)
(136)
Parque Nacional de Garajonay
Playa de Heredia
Las Hayas
920
Bosque del Cedro
La Mérica
Laguna Grande
857
Retamal
El Cercado
Los Manantiales
N. S. de
Baja de Juan Amaro
Barranco del Valle Gran Rey
Argaga
Chipude
Casa de la Seda
Garajonay
Valle Gran Rey
Chele
Guarchío
1487
Playa del Inglés
El Guro
Ermita de los Reyes
728
La Dehesa
Punta de la Calera
Calera
Gerián
Jagüe
Pavón
Igualero
Erquito
La Playa
1241
Fortaleza
Benchijigua
La Puntilla
Las Huertitas
Ermita N. S. del Buen Paso
Playa de Valle Gran Rey
Barranco
Topogache
Erque
Imada
Vueltas
Caserío Gerián
San Sebastián
San Lorenzo
Playa de Vueltas
Punta de los Clavitos
Agalán
1076
Playa de las Arenas
Santa Catalina
Ararar
El Drago
Alajeró
(836)
Drago
Roque de Iguala
Barranco de Argaga
Arguayoda
Barranco de la Negra
Almácigos
Calvario
El Calvario
807
La Dama
Punta de la Dama
La Rajita
Playa de la Rajita
Playa de la Negra
Quise
Antoncojo
Punta de la Nariz
La Cantera
Caldera
291
Punta Falcones
Caleta de la Jarrita
Playa de Erese
Punta del Becerro

D
E
F
1
2
3
4
5
6
Gomera
Santa Cruz de la Palma 4 h
Punta del Jurado
Playa de San Marcos
Punta de Agulo
Las Casitas
Agulo
Playa de Agulo
Lepe
Playa de Sta. Catalina
Sta. Catalina
Punta Gabiña
El Tabaibal
Hermigua
San Juán
Altonazo
Playa de la Caleta
Punta San Lorenzo
Casas de la Caleta
Las Nuevitas
Playa de los Incencios
Casas del Palmar
Punta Palillos
Las Palmas
Casas del Álamo
Tagaluche
Barranco
Juel
Punta Majona
Cueva Blancas
1065
Encherede
Punta Gaviota
620
684
El Rejo
956
48
Playa Zamora
Playa del Águila
Jaragán
Punta Llana
Ermita de Nuestra Señora de Guadalupe
Ermita N. S. de Guadalupe
Chejelipes
Lomito Fragoso y Honduras
642
Playa del Cangrejo
La Laja
El Prado
TF711
Punta de Avalo
Playa de Avalo
El Molinito
31
Punta de la Sabina
Matanza
Roca Bermeja
Parador Nacional
Tagamiche
Casas Blancas
San Antonio y Pilar
268
Vegaipala
979
692
Ayamosna
Punta de San Cristóbal
Iglesia de la Asunción
La Costa
Jerduñe
TF713
Torre del Conde
San Sebastián
San Sebastián de la Gomera
1015
864
430
Monum al Sagrado Corazón de Jesús
Playa de San Sebastian
Playa de Machal
Los Cristianos (Tenerife) 1¼ h
Seima
Vera
221
Playa de la Guancha
Tejiade
El Cabrito
Playa de El Cabrito
Contrera
Punta de El Cabrito
Playa de Oroja
Roque del Herrero
El Joradillo
Chinguarime
Playa de Suarez
Santiago
Punta Gaviota
Punta Marichal
Playa de Santiago
Punta del Espino
Puerto de la Estaca (Hierro) 3 h

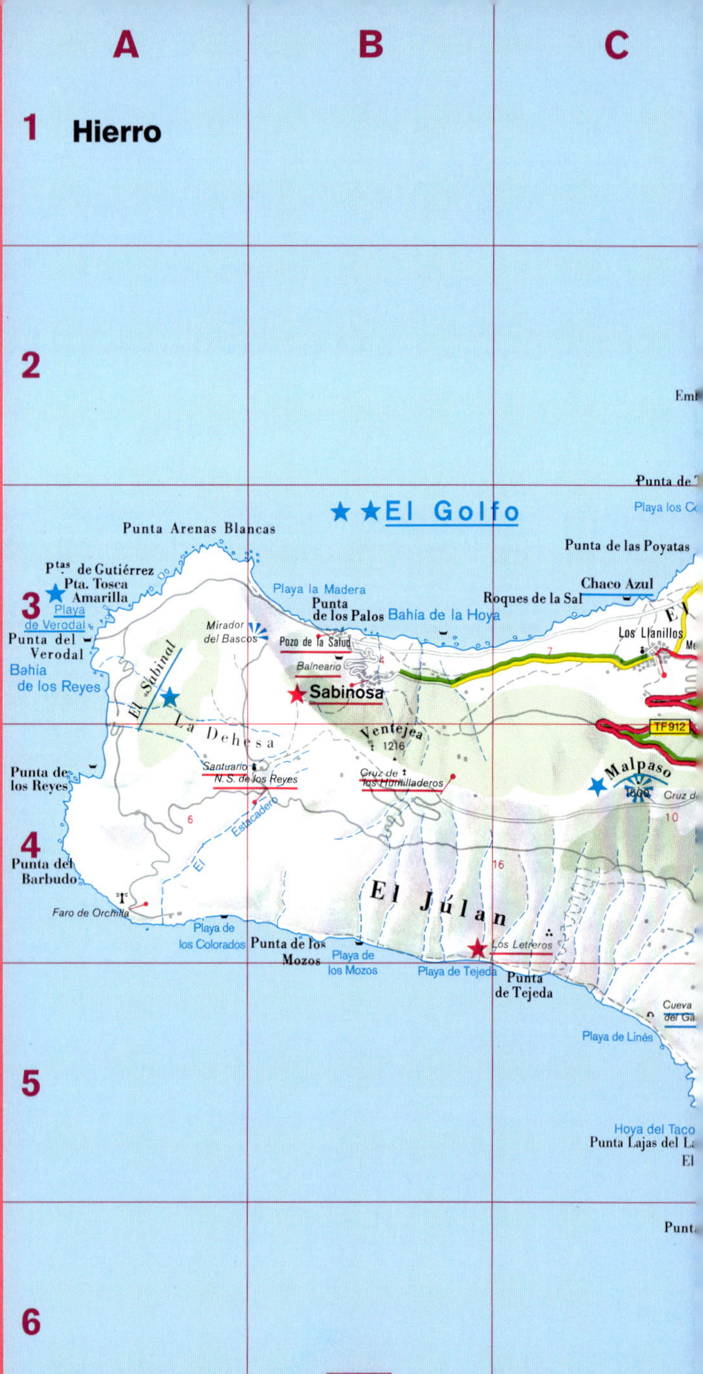
A
B
C
1
2
3
4
5
6
Hierro
El Golfo
Punta Arenas Blancas
Ptas de Gutiérrez
Pta. Tosca
Amarilla
Playa
de Verodal
Punta del
Verodal
Bahía
de los Reyes
Playa la Madera
Punta
de los Palos
Bahía de la Hoya
Mirador
del Bascos
Pozo de la Salud
Balneario
Sabinosa
El Sabinal
La Dehesa
Ventejea
1216
Santuario
N. S. de los Reyes
Cruz de
los Humilladeros
Estacadero
El
Punta de
los Reyes
Punta del
Barbudo
Faro de Orchilla
Playa de
los Colorados
Punta de los
Mozos
Playa de
los Mozos
El Júlan
Los Letreros
Playa de Tejeda
Punta
de Tejeda
Malpaso
1500
10
16
6
7
TF912
Los Llanillos
Roques de la Sal
Chaco Azul
Punta de las Poyatas
Playa de Linés
Hoya del Taco
Punta Lajas del

D
E
F
1
2
3
4
5
6
Punta del Guanche
Punta Norte
Bahía de las Calcosas
Las Salinas
Punta de Amacas
Pozo de las Calcosas
Echedo
Montaña Bermeja
345
Punta de Malpaís
Playa del Salto
Roque Salmor
Tamaduste
Ermita de San Pedro
Mocanal
Balneario
Ermita de San Lázaro
Aeropuerto de Hierro
a de Salmor
Guarazoca
Betenama
Hoyo del Barrio
Alfoba
760
Santiago
Playas Largas
Erese
Playa del Cantadal
Mirador de la Peña
Jarales
Valverde
(571)
La Caleta
Punta de la Caleta
Pedraje
Balneario
Playa de la Caleta
1023
Las Montañetas
537
TF911
Punta Grande
1040
Ribera
Santa Cruz de la Palma $4\frac{1}{2}$ h
Barranco
Tiñor
Zamora
Las Casitas
Tibataje
Puerto de la Estaca
Chamuscada
17
Playa del Varadero
San Sebastián de la Gomera 3 h
Risco
1136
Casas Guinea
TF912
Playa de Tijeretas
1232
San Andrés
Los Cristianos (Tenerife) $4\frac{1}{2}$ h
Izique
Obelisca
Mocanes
La Cuesta
San Telmo
Punta de Tijimiraque
Ermita de la Caridad
Baja
Las Lapas
(375)
Mirador de Jinama
Timbarombo
Las Rosas
Frontera
1326
La Torre
Los Llanos
Belgara Alta
1371
Asomada
Tajace de Abajo
1118
Isora
Mirador de Bermeja
Punta de Ajones
Bermeja
25
Mirador de las Playas
Roques Bonanza
Punta de la Bonanza
Vivero Forestal
Las Playas
del
Hoya de Morcillo
Casa Forestal
Las Casas
Parador Nacional de El Hierro
1017
Mirador de Tanajara
Playa de los Cardones
Montaña
Empalizada
Taibique
774
Punta de Miguel
Tembárgena
Bahía de Miguel
Playa Brava
Roques de los Joraditos
El Río
Gorona del Lajia
Playa de Manchas Blancas
El Lajial
Playa del Cantadal
Punta del Miradero
Restinga
197
Bahía de Naos
La Restinga
Punta de la Restinga
Punta de los Saltos

Islas Canarias
(España)

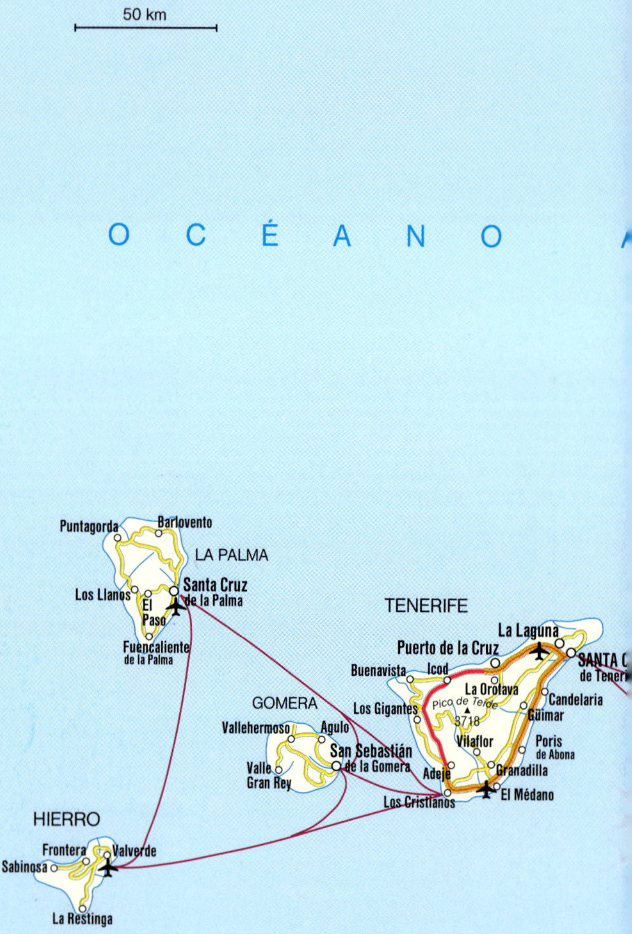

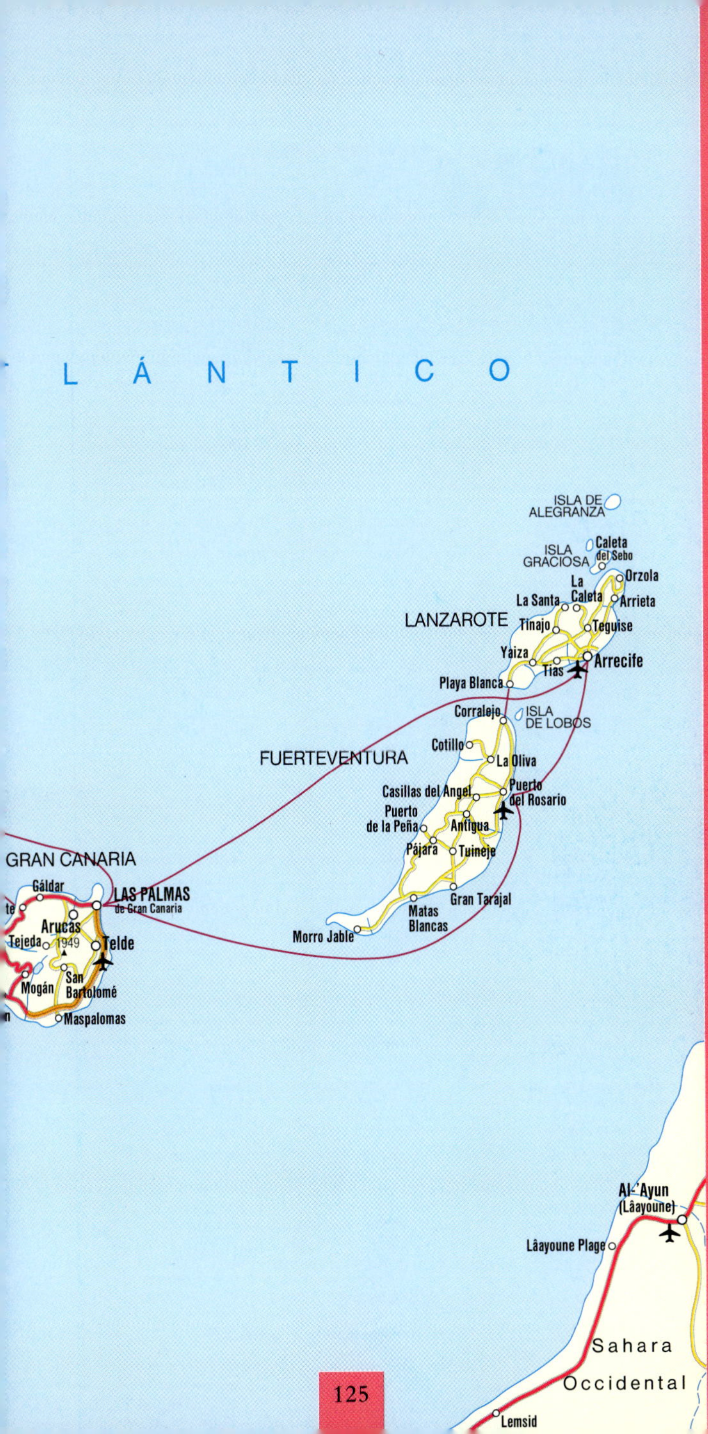
L Á N T I C O
ISLA DE ALEGRANZA
ISLA GRACIOSA
Caleta del Sebo
Orzola
La Caleta
Arrieta
La Santa
LANZAROTE
Tinajo
Teguise
Yaiza
Tías
Arrecife
Playa Blanca
Corralejo
ISLA DE LOBOS
Cotillo
La Oliva
FUERTEVENTURA
Casillas del Angel
Puerto del Rosario
Puerto de la Peña
Antigua
Pájara
Tuineje
Gran Tarajal
Matas Blancas
Morro Jable
GRAN CANARIA
Gáldar
LAS PALMAS de Gran Canaria
Arucas
Tejeda
1949
Telde
San Bartolomé
Mogán
Maspalomas
Al-'Ayun (Lâayoune)
Lâayoune Plage
Sahara Occidental
Lemsid

LEGENDE REISEATLAS

Autobahn mit Mautstelle und Anschlußstelle mit Nummer · Rasthaus mit Übernachtung · Raststätte · Erfrischungsstelle · Tankstelle · Parkplatz mit und ohne WC	Stuttgart-Flughafen 59 R R E T P P	Motorway with toll station and junction with number · Motel · Restaurant · Snackbar · Filling-station · Parking place with and without WC
Autobahn in Bau und geplant mit Datum der Verkehrsübergabe	Datum Date	Motorway under construction and projected with completion date
Zweibahnige Straße (4-spurig)		Dual carriageway (4 lanes)
Sonstige Kfz.-Straße		Road for motor vehicles only
Bundesstraße · Straßennummern	14 E45	Federal road · Road numbers
Wichtige Hauptstraße		Important main road
Hauptstraße · Tunnel · Brücke		Main road · Tunnel · Bridge
Nebenstraßen		Minor roads
Fahrweg · Fußweg		Track · Footpath
Wanderweg (Auswahl)		Tourist footpath (selection)
Eisenbahn mit Fernverkehr		Main line railway
Zahnradbahn, Standseilbahn		Rack-railway, funicular
Kabinenschwebebahn · Sessellift		Aerial cableway · Chair-lift
Autofähre		Car ferry
Personenfähre		Passenger ferry
Schiffahrtslinie		Shipping route
Naturschutzgebiet · Sperrgebiet		Nature reserve · Prohibited area
Nationalpark, Naturpark · Wald		National park, natural park · Forest
Straße für Kfz gesperrt		Road closed to motor vehicles
Straße mit Gebühr		Toll road
Straße mit Wintersperre	XII-II	Road closed in winter
Straße für Wohnanhänger gesperrt bzw. nicht empfehlenswert		Road closed or not recommended for caravans
Touristenstraße · Paß	Weinstraße 1510	Tourist route · Pass
Schöner Ausblick · Rundblick · Landschaftlich bes. schöne Strecke		Scenic view · Panoramic view · Route with beautiful scenery
Golfplatz · Schwimmbad		Golf-course · Swimming pool
Ferienzeltplatz · Zeltplatz		Holiday camp · Transit camp
Jugendherberge · Sprungschanze		Youth hostel · Ski jump
Kirche im Ort, freistehend · Kapelle		Churches · Chapel
Kloster · Klosterruine		Monastery · Monastery ruin
Schloß, Burg · Schloß-, Burgruine		Palace, castle · Ruin
Turm · Funk-, Fernsehturm		Tower · Radio-, TV-tower
Leuchtturm · Kraftwerk		Lighthouse · Power station
Wasserfall · Schleuse		Waterfall · Lock
Bauwerk · Marktplatz, Areal		Important building · Market place, area
Ausgrabungs- u. Ruinenstätte · Feldkreuz		Arch. excavation, ruins · Calvary
Dolmen · Menhir		Dolmen · Menhir
Hünen-, Hügelgrab · Soldatenfriedhof		Cairn · Military cemetary
Hotel, Gasthaus, Berghütte · Höhle		Hotel, inn, refuge · Cave
Kultur		**Culture**
Malerisches Ortsbild · Ortshöhe	WIEN (171)	Picturesque town · Height of settlement
Eine Reise wert	★★ MILANO	Worth a journey
Lohnt einen Umweg	★ TEMPLIN	Worth a detour
Sehenswert	Andermatt	Worth seeing
Landschaft		**Landscape**
Eine Reise wert	★★ Las Cañadas	Worth a journey
Lohnt einen Umweg	★ Texel	Worth a detour
Sehenswert	Dikti	Worth seeing

5 km

REGISTER

Enthalten sind alle in diesem Führer erwähnten Orte und die wichtigsten der genannten Örtlichkeiten. Halbfette Ziffern verweisen auf den Haupteintrag, kursive auf Abbildungen.

Abama 73
Adeje 14, *26*, **81 f.**
Aguamansa **45**, 63, 65, 86, 94
Alcalá 73
Almáciga 58
Anagagebirge 9, 14, 19, 51, 54, **58 f.**, 95
Ángelestal (Valle de los Ángeles) 60
Arafo 67, **68**
Arenas Negras, Las **47**, 94
Arico **68**, 70
Aripe 83
Bajamar 33, **51 f.**
Barranco del Infierno 82
Buenavista del Norte 21, 36, **45 f.**, 48, 88, 89
Cactus Park – Tenerife Zoo 74
Caleta, La 49, 73, **82**
Cañadas (del Teide), Las 19, 51, 58, 59, **63 ff.**, 70, 86 f., 94, 95
Candelaria *16*, 31, 33, 54, **69 f.**, 95
Cerrillar, Pico de 64
Chamorga 58, 95
Chayofita 74
Chinyero 15, 47
Chío 94
Chiqueros, Pico de 64
Chirche 83
Colmenas, Pico de 64
Cristianos, Los 5, 21, *28*, **73–76**, 77, 78, 84, 85, 92, 95, 96
Cruz Santa 94
Cueva del Hermano Pedro 78
Cueva del Viento 47
Cumbre Dorsal 7, 51, **58 f.**, 67, 68, 87, 94
Cumbrilla, La 95
Esperanza, La 58, 88, 94
Fasnia 70
Galletas, Las **77**, 88, 95 f.
Garachico 31, 33, 35 f., 39, **46**, 48, 55, 89
Gigantes, Los **82 f.**, 88, 96
Gomera (Insel) 11, 74, 83, **84 f.**, 88, 92, 95
Granadilla de Abona 21, **70**, 78
Guajara, Pico de 64
Guamasa 88
Guancha, La 21, 25, 26, **46 f.**
Guerratal (Valle de Guerra) 51, **61**
Guía de Isora **83,** 92
Güímar 21, **67 f.,** 70
Güímartal (Valle de Güímar) **67**, 68
Hermanos, Dos (Bergmassiv) 54
Hierro (Insel) 11, 25, **85**
Icod el Alto 46
Icod de los Vinos *12*, 19, 21, 25, 26, **47**, 48, 49, 89, 94
Isla Baja **36**, 45, 49
Laguna, La 6, 14, 17, 20, 21, 31, 33, 51, **52 f.**, 58, 59, 86, 95
Llanadas, Las 94
Lomo Bodegas 95
Masca 21, **48**, 88
Matanza de Acentejo, La 25, **53 f.**, 60
Médano, El 71, **77 f.**, 92
Mercedes, Las **58**, 95
Mirador de Don Martín 68
Mirador de Don Pompejo 45
Mirador de San Roque 71
Mirador Garachico 48
Mirador Humboldt 48
Montaña Blanca 65, 87
Montaña Grande 59
Montaña Roja 77
Montañeta, La **47**, 94
Naranjeros, Los 88
Orotava, La 14, 21, 31, 33, **36 ff.**, 39, 40, 48, 63, 86, 94
Orotavatal (Valle de la Orotava) 14, 15, 26, **35**, 36, 48, 67
Paisaje Lunar 70
Palo Blanco 94
Pico del Inglés 58
Playa de las Américas 5, 11, *72*, 73, 74, **78–81**, 92, 95, 96
Playa de la Arena 83
Playa del Bobo 80
Playa Martiánez 39, **44**
Playa de San Juan 92
Playa de San Marcos 47, *48*, 89
Playa de Santiago 82, 88
Playa de las Teresitas 54, *55*
Playa de Troya 80
Poris de Abona 68, **70**, 95
Portillo, El 59, 63, 64, 65, 86, 87
Puertito de Sauzal 60
Puerto de la Cruz 10, 11, 13 f., 17, 23, 33, *34*, 35, **38–45**, 47, 63, 77, 86, 88, 91, 94, 95, 128
Puerto de Güímar **68**, 95
Puerto de Santiago 73, **83**, 88
Punta de Abona 68
Punta del Hidalgo 54
Punta de los Órganos 54
Punta de Teno 36, **48**, 89, 96
Radazul **59**, 95
Raíces, Las 87 f., 94
Rambleta, La 87
Realejos, Los 21, 26, 31, 46, **48 f.**, 94
Reina Sofía (Südflughafen) 5, 38, **92**
Rodeos, Los (Nordflughafen) 59, 85, 88, **92**
Roques, Los 94
San Andrés 21, **54 f.**, 58, 95
San Juan 73, **83**
San Juan de la Rambla 21, 94
San-Lorenzo-Tal (Valle de San Lorenzo) 78
San Miguel 78
Santa Cruz de Tenerife 6, 17, 31, 51, **55–58**, 59, 92, 93, 95, 97, 128
Santa Úrsula 25, 48, 51, **59 f.**
Santiago del Teide 47, 48, **88**, 89
Sauzal, El 60
Silos, Los **49**, 89
Socorro, El 68
Tabaiba 59
Tabornó, Pico de 58
Tacoronte 25, 33, 51, **60 f.**
Taganana 21, **58**, 95
Tanque, El 89
Teide, Pico del 6, 8 f., 15, 19, 35, 48, 58, *62*, **63 ff.**, *67*, 84, 88, *90*
Tejinatal (Valle de Tejina) 51
Ten-Bel 77
Tenogebirge 9, 14, **36**, 45, 48, 82, 88 f.
Topete 46
Valle de Guerra 60, **61**
Victoria de Acentejo, La 6, 25, **61**
Vilaflor 26, *66*, **70 f.,** 95
Volcán de Fasnia 70

Was bekomme ich für mein Geld?

Währung ist die Peseta. Die Münzen lauten auf 1, 5, 10, 25, 50, 100, 200 und 500 Ptas, die Banknoten auf 1000, 2000, 5000 und 10 000 Ptas. Die Peseta hat etwa im Verhältnis zur Mark innerhalb der letzten fünf Jahre mindestens 50 Prozent ihres Wertes inflationsbedingt verloren. Die Urlaubsmark war 1997 in Spanien nur noch etwa 84 Pfennig wert. Im Blick auf den erwarteten Beitritt Spaniens zur gemeinsamen europäischen Währung, dem Euro, ist jedoch vorderhand kaum mit größeren Wechselkursschwankungen zu rechnen. Die Preise für fast alle Waren sind sehr unterschiedlich. Es gibt keine Preisbindung. Je nach Region, ob Touristenort oder ob Dorf, werden ebenfalls andere Preise verlangt. So kostet eine Tasse Kaffee *(café con leche)* in den Touristenorten 125–200 Ptas, im Landesinneren 100 Ptas. Für eine Flasche Bier bezahlt man in einer einfachen spanischen Bar 125–150, im Restaurant bis zu 300 Ptas. Eine Busfahrt von Puerto de la Cruz nach Santa Cruz de Tenerife kostet 750 Ptas. Die Eintrittspreise für Museen schwanken zwischen 0 und 500 Ptas. Einfache Menüs kosten 900–1200 Ptas, eine Paella für zwei Personen 1600–2000 Ptas.

DM	Ptas	Ptas	DM
1	84	100	1,19
2	168	250	2,96
3	253	500	5,93
4	337	750	8,89
5	421	1.000	11,86
10	843	1.500	17,78
20	1.687	2.000	23,71
30	2.530	3.000	35,57
40	3.374	4.000	47,42
50	4.217	5.000	59,28
60	5.061	6.000	71,13
70	5.904	7.500	88,91
80	6.748	10.000	118,55
90	7.591	12.500	148,19
100	8.435	15.000	177,83
200	16.870	25.000	296,38
300	25.305	40.000	474,20
500	42.176	50.000	592,75
750	63.264	75.000	889,13
1.000	84.352	100.000	1.185,50

Bei Scheckzahlung/Automatenabhebung am Urlaubsort berechnet die Heimatbank die obenstehenden Kurse. Stand: Dezember 1997